Mathias Beer (Hg.)

Joseph Ettinger

Kurze Geschichte
der ersten Einwanderung
oberösterreichischer evangelischer
Glaubensbrüder
nach Siebenbürgen

Frau Haupt mit den
besten Wünsche
Mathias Beer
14.07.16

Joseph Ettinger

Kurze Geschichte der ersten Einwanderung oberösterreichischer evangelischer Glaubensbrüder nach Siebenbürgen

Herausgegeben, kommentiert
und mit einer historischen
Einordnung versehen
von

Mathias Beer

2015
Schiller Verlag
Hermannstadt – Bonn

Dieses Buch entstand mit freundlicher Unterstützung von

Verein Kärntner Landlerhilfe

LAND ■▬ KÄRNTEN

Layout und Umschlag: Anselm Roth

Titelbild aus: David Joseph Leonhard: Die Bewohner Siebenbürgens. 1816, Handschrift, mit freundlicher Genehmigung der Brukenthal-Bibliothek Hermannstadt.

© 2015 SV & Anselm Roth, Jens Kielhorn
Schiller Verlag
Bonn – Hermannstadt
Tel. (+4)0369/809 125
www.schiller.ro

verlag@erasmus.ro

ISBN 978-3-944529-65-3

Inhalt

Vorwort 7

Kurze Geschichte der ersten Einwanderung
oberösterreichischer evangelischer
Glaubensbrüder nach Siebenbürgen
(Faksimile und Transkription) 11

Joseph Ettinger –
Urvater der Landlerforschung wider Willen
von Mathias Beer

   »Landler« – ein historischer Abriss 131

   Die Landler-Forschung – ein Überblick 140

   Joseph Ettinger – Stationen einer Biographie 148

   Kurze Geschichte der ersten Einwanderung
   oberösterreichischer evangelischer
   Glaubensbrüder nach Siebenbürgen. 156

   Die Ansiedlung der Transmigranten
   in Neppendorf und die Folgen 156

   Entstehungsgeschichte und Ziele des Buches 160

   Quellen- und Literaturgrundlage. 166

   Gliederung und Inhalt des Buches. 171

   Formale und inhaltliche Merkmale des Textes 177

   Ergebnisse und Wirkung. 185

Hinweise zur Textgestaltung 192
Literaturverzeichnis 195

Seinen
innigliebten Freunden
zur
liebevollen Erinnerung reicht
vom Verfasser
Joseph Ettinger
gewidmet.
1836.

Vorwort

Am 24. August 1834 hielt Joseph Ettinger, der Ortspfarrer von Neppendorf, vor seiner Gemeinde, heute ein Stadtteil von Hermannstadt (Sibiu), Rumänien, einen Vortrag aus Anlass des 100. Jahrestags der Ankunft der ersten aus Oberösterreich deportierten Protestanten. Im Laufe des 18. Jahrhunderts sollten mehr als 4000 von ihnen aus unterschiedlichen Regionen Innerösterreichs nach Siebenbürgen gebracht werden. Dort entwickelten sie ein eigenes Gruppenbewusstsein, das seit der zweiten Hälfte des 19. Jahrhunderts seinen Ausdruck in der Bezeichnung *Landler* fand.

Aus dem Vortrag ist das ein Jahr später in Hermannstadt erschienene Buch »Kurze Geschichte der ersten Einwanderung oberösterreichischer evangelischer Glaubensbrüder nach Siebenbürgen« hervorgegangen. In einem der überlieferten Exemplare findet sich eine handgeschriebene Widmung Ettingers:

> »Seinen innig geliebten Freunden zur liebevollen Erinnerung an ihn vom Verfasser Joseph Ettinger gewidmet 1836.«

Nachkommen dieser Freunde, und hier insbesondere Helmut Köber, dem dafür Dank gebührt, regten einen Nachdruck des Buches an. Dieser konnte mit Hilfe der vom »Verein Kärntner Landlerhilfe«, dem Land Kärnten und der vom Schiller Verlag erfahrenen Unterstützung umgesetzt werden.
Das Ergebnis ist die vorliegende Ausgabe des Buches von Joseph Ettinger. Sie verbindet ein Faksimile des Buches mit einer sprachlich modernisierten Transkription und ordnet den Text und den Autor historisch ein. Die Neuausgabe des Buches wendet sich an die interessierte Öffentlichkeit sowie die wissenschaftliche Forschung und bietet einen Einblick in ein Kapitel der Zwangsmigrationen der Frühen Neuzeit, der Geschichte Oberösterreichs und Siebenbürgens

im Allgemeinen und der Gemeinde Neppendorf im Besonderen. Darüber hinaus versteht sich die kommentierte Neuausgabe als eine »liebevolle Erinnerung« an den Autor Joseph Ettinger, den bisher verkannten Urvater der Landlerforschung.

Tübingen, im Juli 2015

Mathias Beer

Kurze Geschichte

der ersten Einwandrung

oberöstreichischer evangelischer Glaubensbrüder nach Siebenbürgen,

in einem Vortrage an seine Gemeinde

dargestellt

von

dem derzeitigen evangel. Pfarrer zu Neppendorf
bei Hermannstadt in Siebenbürgen.

———

Hermannstadt,
bei Samuel Filtsch.
1835.

Kurze Geschichte

der ersten Einwanderung

oberösterreichischer evangelischer Glaubensbrüder
nach Siebenbürgen,

in einem Vortrag an seine Gemeinde,

dargestellt

von

dem derzeitigen evangelischen Pfarrer zu
Neppendorf bei Hermannstadt in Siebenbürgen

Hermannstadt,
bei Samuel Filtsch
1835

Vorwort.

Was die Vorfahren einst Ungewöhnliches gethan, besonders wenn sie für ein Gut, das in der Folge segenvoll fortgewirket hat, gekämpfet, und bedeutende Opfer dafür gebracht haben, das kann und darf ihren Nachkommen nicht anders als höchst beachtungswerth und wichtig erscheinen. So war denn der 20=ste August 1834 für einen großen Theil der Bewohner von Neppendorf ein Tag von höchster Wichtigkeit und Bedeutung, indem vor 100 Jahren an diesem Tage eben es war, daß die Vorfahren derselben bei ihrer Einwanderung in Siebenbürgen in dem benachbarten Dorfe Großau anlangten, und dann, nach einstweiliger Unterkunft in Heltau, in Neppendorf ihre bleibenden Wohnsitze und mit ihnen die längst ersehnte freie Ausübung ihres evangelischen Glaubens erhielten.

Dieses hohe Glück, das nun von ihnen auf ihre Kinder und Kindeskinder übergegangen ist,

Vorwort

Was die Vorfahren einst Außergewöhnliches vollbracht haben – besonders wenn es sich um ein Gut handelt, wofür sie gekämpft und bedeutende Opfer gebracht haben und das in der Folge segensvoll fortgewirkt hat –, das kann und darf ihren Nachkommen nicht anders als höchst beachtenswert und wichtig erscheinen. Deshalb war der 20. August 1834 für einen großen Teil der Bewohner von Neppendorf ein Tag von höchster Wichtigkeit und Bedeutung. Genau an diesem Tag vor 100 Jahren war es, dass die Vorfahren derselben bei ihrer Einwanderung nach Siebenbürgen im benachbarten Dorf Großau ankamen. Nach vorübergehender Unterkunft in Heltau erhielten sie in Neppendorf ihren dauerhaften Wohnsitz und damit die lange Zeit herbeigesehnte freie Ausübung ihres evangelischen Glaubens.

Dieses hohe Glück ist von ihnen an ihre Kinder und Kindeskinder vererbt worden.

wird zwar heutzutage, wo es, seit Kaiser Joseph II. unvergeßlicher Regierungszeit, nicht mehr, wie früher einst hie und da, angefochten wird, bei weitem nicht in dem Grade, als in den Zeiten schwerer Bedrängnisse, gewürdigt, und geschätzet; allein es bleibet für alle Zeiten ein höchst brachtungswerthes Gut, ein Gut, das in den Augen des besonnenen Christen, alle übrigen Güter auf Erden gar sehr aufwieget. In dieser Heinsicht geschah es denn, daß der Herausgeber dieser Geschichte sich verpflichtet fühlte, dieselbe aus der Religionsgeschichte des betreffenden Landes und aus noch vorhandenen Urkunden der Wahrheit gemäß auszuarbeiten, und sie an dem, auf den 20-sten August 1834 zunächstfolgenden 13. Sonntage nach Trinitatis, in der Vesper, seiner Gemeinde, wie folget, vorzulesen. Da nun nach dieser Vorlesung die Mittheilung dieser Geschichte von verschiedenen Seiten gewünscht worden ist, so glaubt ihr Verfasser, es werde dieselbe auch sonst fromme Gemüther ansprechen und zur Erwägung dessen, welch ein hohes Glück es sei, seinen Glauben frei und offen bekennen und Gott nach diesem Glaubensbekenntnisse ungehindert verehren zu dürfen, einigermaßen beitragen. Dieß die Veranlassung zur Herausgabe derselben.

- 4 -

Die Ausübung des evangelischen Glaubens wird zwar heutzutage und seit Kaiser Joseph II. (1765-1790) unvergesslicher Regierungszeit nicht mehr wie früher an verschiedenen Orten in Frage gestellt. Aber die Glaubensfreiheit wird gegenwärtig bei Weitem nicht in dem Maß gewürdigt und geschätzt wie in den früheren Zeiten schwerer Bedrängnis. Dennoch bleibt sie für alle Zeiten ein höchst beachtenswertes Gut, ein Gut, das in den Augen des pflichtbewussten Christen alle übrigen Güter auf Erden bei Weitem aufwiegt. Von dieser Überzeugung geleitet, fühlte sich der Verfasser dieser Geschichte verpflichtet, die Geschichte der Einwanderer aus der Religionsgeschichte deren Herkunftslandes und aus noch vorhandenen Urkunden wahrheitsgemäß auszuarbeiten und sie an dem auf den 20. August 1834 folgenden 13. Sonntag nach Trinitatis – 24. August – in der Vesper seiner Gemeinde vorzulesen. Nach dem Vortrag ist die Herausgabe dieser Geschichte für ein breiteres Publikum von verschiedenen Seiten gewünscht worden. Zudem glaubt ihr Verfasser, dieselbe wird auch weitere fromme Gemüter ansprechen und darüber hinaus vielleicht auch zur Erkenntnis beitragen, welch ein hohes Glück es ist, seinen Glauben frei und offen bekennen und Gott nach diesem Glaubensbekenntnis uneingeschränkt verehren zu dürfen. All diese Gründe haben den Verfasser veranlasst, die Geschichte der Einwanderung Evangelischer nach Neppendorf vor 100 Jahren zu veröffentlichen.

Nach einem kurzen Gebete hielt der Pfarrer folgende Anrede an die versammelte Gemeinde:

Geliebte in dem Herrn!

Ein volles Jahrhundert ist in diesen Tagen eben vorüber gegangen, seitdem einige evangelische Glaubensbrüder aus ihrer Heimath hinweg in unserer Gegend anlangten, und hier nun wieder zu erlangen suchten, was sie daheim, ihres Glaubens wegen, aufgeopfert hatten.

Sie, und ihre Kinder, die bei dieser ersten Auswanderung oberösterreichischer evangelischer Christen mitgekommen waren, sind im Laufe dieses Jahrhunderts hinübergegangen in das Land des Friedens, und unter den Nachkommen derselben haben sich die näheren Umstände jener Aus= und Einwanderung aus der Erinnerung verloren. Darum habe ich es für nothwendig erachtet, jetzt, am Schluße des ersten, und zu An=

Nach einem kurzen Gebet hielt der Pfarrer folgende Anrede an die versammelte Gemeinde:

Geliebte im Herrn!

Ein volles Jahrhundert ist in diesen Tagen vergangen, seit einige evangelische Glaubensbrüder aus ihrer Heimat wegzogen und in unserer Gegend ankamen. Hier hofften sie, das wieder zu finden, was sie daheim ihres Glaubens wegen aufgeopfert hatten.

Sie und ihre Kinder, die bei dieser ersten Auswanderung oberösterreichischer evangelischer Christen mitgekommen waren, sind im Laufe dieses Jahrhunderts hinübergegangen in das Land des Friedens. Unter den Nachkommen derselben haben sich die näheren Umstände jener Aus- und Einwanderung aus der Erinnerung verloren, sie sind in Vergessenheit geraten. Deshalb habe ich es für notwendig erachtet, jetzt, am Ende des ersten und am Anfang des zweiten fange des zweiten Jahrhunderts seit jener Zeit diese Begebenheit aus vorhandenen Urkunden und Geschichten, der Wahrheit gemäß, darzustellen, und zur Erweckung und Ermunterung ihrer Nachkommen wie auch zur richtigen Beurtheilung der Vorfahren selbst zu zeigen, aus welchem Grunde und in welch edler Absicht diese ersten, wie auch einige spätere Einwauderungen der Art statt gefunden haben.

Ja, wie einst der Herr zu Abram (1. Mos. 12, 1) sprach: »Gehe aus deinem Vaterlande und von dei= »ner Freundschaft in ein Land, das ich dir zeigen will,« so ertönte es auch in der Brust der evangelischen Glaubensbrüder, deren Einwanderung vor 100 Jahren wir heute gedenken. Denn als dieselben in ihrem Vaterlande den evangelischen Glauben, den sie als das theuerste Kleinod von den Vorfahren überkommen hatten, nun nicht länger vor der Welt verläugnen, noch aber ihn aufgeben wollten, siehe, so entschloßen sie sich endlich, Haus und Hof, und was sonst dem Menschen in der Heimath theuer und werth ist, zurückzulassen und auszuwandern in ein fernes Land, um nur ihren Glauben frei und offen, vor Gott und der Welt, bekennen zu dürfen. Und da fügte es denn der Allmächtige, der die Herzen der Fürsten in seiner Gewalt hat, daß der damalige Römische Kaiser Carl VI. diesen evangelisch gesinnten und auf ihrem Glauben fest beharrenden Unterthanen in Oberösterreich hierher nach Siebenbürgen

– 6 –

Jahrhunderts seit jener Zeit, diese Ereignisse aus vorhandenen Urkunden und Geschichten wahrheitsgemäß darzustellen. Die Geschichte soll zur Erweckung und Ermunterung der Nachkommen wie auch zur richtigen Beurteilung der Vorfahren beitragen. Darüber hinaus will sie zeigen, aus welchen Gründen und in welch edler Absicht diese ersten wie auch einige spätere vergleichbare Einwanderungen stattgefunden haben.

Ja, wie einst der Herr zu Abraham (1. Mos. 12,1) sprach, »Gehe aus deinem Vaterland und von deiner Verwandtschaft in ein Land, das ich dir zeigen will«[1], so ertönte es auch in der Brust der evangelischen Glaubensbrüder, deren Einwanderung vor 100 Jahren wir heute gedenken. Denn als dieselben in ihrem Vaterland den evangelischen Glauben, den sie als das teuerste Kleinod von den Vorfahren übernommen hatten, nicht länger vor der Welt verleugnen, ihn aber auch nicht aufgeben wollten, siehe, so entschlossen sie sich endlich, Haus und Hof und was sonst dem Menschen in der Heimat teuer und wert ist, zurückzulassen und auszuwandern in ein fernes Land. Der Grund dafür war einzig und allein, um ihren Glauben frei und offen vor Gott und der Welt bekennen zu dürfen. Und da fügte es der Allmächtige, der die Herzen der Fürsten in seiner Gewalt hat, dass der damalige Römische Kaiser Karl VI. (1711-1740) diesen evangelisch gesinnten und in ihrem Glauben fest beharrenden Untertanen in Oberösterreich hier-

---

[1] Zu den Anmerkungen vgl. die Endnoten S. 126-130.

auszuwandern gestattete; zu den deutschen Glaubens-Brüdern, deren Vorfahren einst ebenfalls aus Deutschland hierher berufen worden waren, im 16. Jahrhunderte das evangelische Glaubensbekenntniß allgemein angenommen, und es ihren Nachkommen, unter allen Stürmen der Zeit, unversehrt zurück gelassen haben.

Doch wo waren diese von 100 Jahren eingewanderten Glaubensbrüder eigentlich zu Hause? wie war es ihnen daselbst bis zu dieser ihrer Auswanderung gegangen? und wie kam es endlich dazu, daß sie dort Alles verließen, um nur dem evangelischen Glauben treu zu bleiben?

Dieß sind die Hauptstücke, die wir, der wahren Geschichte gemäß, beantworten wollen!

Das k. k. Salzkammergut in Oberösterreich, ein mit Gebürgen und Landseen eingeschlossener Bezirk von Oestreich ob der Ens, welcher an Salzburg und Steyermark angränzet, und einen Flächeninhalt von etwa 15 Geviert Meilen ausmacht, worauf heutigen Tages an 14000 Einwohner leben, dieß ist der heimische Boden, woher vor 100 Jahren 47 Familien evangelischer Hausväter sammt Weib und Kindern auf Anordnung des Allerhöchsten Hofes nach Siebenbürgen gekommen, und woselbst sie alle ihre unbeweglichen Güter, nebst theuren Anverwandten und Freunden,

her nach Siebenbürgen auszuwandern gestattete; nach Siebenbürgen zu den deutschen Glaubensbrüdern, deren Vorfahren einst ebenfalls aus Deutschland hierher gerufen worden waren, im 16. Jahrhundert das evangelische Glaubensbekenntnis allgemein angenommen und es ihren Nachkommen trotz aller Stürme der Zeit unversehrt bewahrt und übertragen haben.

Doch wo waren diese vor 100 Jahren eingewanderten Glaubensbrüder eigentlich zu Hause? Wie war es ihnen daselbst bis zu dieser ihrer Auswanderung gegangen? Und wie kam es letztendlich dazu, dass sie dort alles zurückließen, um dem evangelischen Glauben treu bleiben zu können?

Dieses sind die wesentlichen Fragen, die wir, der wahren Geschichte gemäß beantworten wollen!

Das k. k. Salzkammergut in Oberösterreich ist eine von Gebirgen und Landseen umschlossene Region von Österreich ob der Enns, welche an Salzburg und die Steiermark angrenzt. Sie umfasst eine Fläche von etwa 15 Quadratmeilen, in der heutzutage etwa 14 000 Einwohner leben. Dieses ist der heimische Boden, woher vor 100 Jahren 47 Familien evangelischer Hausväter samt Weib und Kindern auf Anordnung des allerhöchsten kaiserlichen Hofes nach Siebenbürgen gekommen sind. In ihrer Heimat haben sie alle ihre unbeweglichen Güter und ihre lieben Verwandten und Freunde zurückgelassen, wie dies aus einigen

wie dieß aus einigen Briefstellen aus jener Zeit gegen Ende dieser Geschichte erhellen wird, zurückgelassen haben.

Die hohen Berge dieser Gegend, so wie die 4 bedeutenden Landseen, nehmen den größten Theil der Oberfläche dieses Bezirkes ein, und die Bewohner desselben suchen und finden ihren Unterhalt in der Benützung einiger Thalwiesen und gebirgigter Gegenden, wie auch in dem Lohne für Arbeiten in den k. k. Salzwerken, worin alljährich mehrere tausend Zentner Salz ausgesotten werden.

Es befinden sich in diesem Salzkammergute, unter andern Ortschaften: das Dorf Ebensee, die Marktflecken: Ischel, Goisern, Hallstadt, und Obertraune um den Hällstädter See herum; außerdem gehören noch dazu die Herrschaft Wildenstein und die Stadt Gmunden am Traunsee, worin das Salzoberamt und die Salzkammergutsverwaltung sich befindet.

In dieses Salzkammergut nun, wie in ganz Oestreich und sonst hin, hatte der evangelische Glaube noch bei Luthers Zeiten Eingang gefunden, und späterhin, besonders in den Jahren 1564 bis 1571 während der Regierung des Kaisers Maximilian II. unter dem gemeinen Volke, wie auch unter dem größten Theile der Landesstände nicht unbedeutende Fortschritte gemacht. Diese Landesstände von Oesterreich hatten nämlich von

Briefen jener Zeit deutlich wird, die im Anhang dieses Buches wiedergegeben werden.

Die hohen Berge dieser Gegend und die vier bedeutendsten Landseen nehmen den größten Teil der Oberfläche der Region ein. Deren Bewohner suchen und finden ihren Unterhalt in der Nutzung einiger Talwiesen und auch der gebirgigen Gegenden, darüber hinaus als Lohnarbeiter in den k. k. Salzwerken, in denen jährlich mehrere tausend Zentner Salz gesiedet werden.

Im Salzkammergut liegen unter anderen folgende Ortschaften: das Dorf Ebensee, die Marktflecken Ischl, Goisern, Hallstadt, und Obertraun um den Hallstätter See herum; außerdem gehören noch dazu die Herrschaft Wildenstein und die Stadt Gmunden am Traunsee, in der das Salzoberamt und die Salzkammergutsverwaltung ihren Sitz haben.

Im Salzkammergut wie in ganz Österreich und darüber hinaus hatte der evangelische Glaube noch zu Luthers Zeiten Einzug gehalten. Später, besonders in den Jahren 1564 bis 1571 während der Regierung Kaiser Maximilians II., verbreitete sich der lutherische Glaube sowohl unter dem gemeinen Volk als auch unter dem größten Teil der Landstände. Die Landstände von Österreich hatten nämlich entsprechend ihres Ansuchens diesem höchst weise und gerecht regierenden Fürsten, auf ihre Bitte, am 14. Januar 1571 eine hochwichtige Schutzschrift erhalten, worin den Evangelischen insgesammt die freie Ausübung ihres Glaubensbekenntnisses zugesichert wird. *)

---

*) Es heißt hier, nach der Erklärung, daß sich die evangelischen Landesstände erboten hätten, den der kath. Rel. Zugethanen gar nicht zuwider zu seyn, sondern es mit ihnen treulich zu meynen, und sonderlich an ihren Kirchen Uebungen, keine Gewalt noch Frevel beweisen zu wollen, in Beziehung auf diese evangel. Stände ausdrücklich also: » wie sie denn desgleichen von den Andern in glei=
»chem Fall auch allenthalben genwärtig seyn mögen.
»Und Wir sie, und Jeden insonderheit, auch ihre Erben
»und Nachkommen, sammt ihren Pfarrherren, Kirchen
»und Schulen, alle ihre Unterthanen und Zugehörigen,
»solcher Unserer Bewilligung halber, mit rechtem Wissen
»und zeitigem gutem Bedacht aus kaiserl. und landes=
»fürstlicher Macht, für Uns, alle Unsere Erben und Nach-
»kommen, hiemit assecuriren und versichern, also und
»dergestalt, daß sie sich derhalben weder bei uns, unsere Er-
»ben und Nachkommen, und Unsere und derselben Un=
»serer Erben nachgesetzten Obrigkeiten einiger Ungnade,
»Gefahr oder anderer Widerwärtigkeit zu besorgen haben,
»sondern derowegen vor männiglich, geistlichen und weltli-
»chen Standes versichert und vergewissert seyn und bleiben
=sollen. »

– 9 –

von diesem höchst weise und gerecht regierenden Fürsten am 14. Januar 1571 eine äußerst wichtige Schutzschrift erhalten, die den Evangelischen insgesamt die freie Ausübung ihres Glaubensbekenntnisses zusicherte.*

---

* Nach der Erklärung, dass sich die evangelischen Landstände verpflichtet hätten, auf keinen Fall gegen die Anhänger der katholischen Religion zu handeln, sondern diese zu respektieren und besonders es mit ihnen ehrlich zu meinen, insbesondere ihrer Kirchenpraxis nicht mit Gewalt und Missachtung zu begegnen, heißt es in der Schutzschrift mit Bezug auf die evangelischen Stände ausdrücklich: »wie sie denn desgleichen von den Anderen in gleichem Maß auch überall respektiert werden mögen. Und Wir [d.h. der Kaiser] ihnen und jedem einzelnen, insbesondere auch ihren Erben und Nachkommen samt ihren Pfarrern, Kirchen und Schulen sowie allen ihren Untertanen und Zugehörigen, entsprechend dem Schutzbrief mit rechtem Wissen und gutem Bedacht aus kaiserlicher und landesfürstlicher Macht, für Uns, alle Unsere Erben und Nachkommen, hiermit versichern, dass sie wegen ihres Glaubens weder von uns noch von unseren Erben und Nachkommen sowie unseren und deren Erben und nachgeordneten Obrigkeiten Ungnade, Gefahr oder andere Widerwertigkeit zu befürchten haben, sondern, ob geistlichen oder weltlichen Standes, ihren Glauben jetzt und zukünftig bestätigt bekommen.«

Was Wunder, daß unter dem Schutze einer solchen Zusicherung und unter der Regierung eines solchen gegen jede Parthei streng gerechten und jeder Religionsverfolgung abgeneigten Monarchen, das bereits lieb gewordene evangel. Glaubensbekenntniß in Ober = und Unterösterreich nach allen Seiten hin sich ausbreitete und immermehr Eingang und Aufnahme fand. Aber es ward in der Folge anders.

An die Stelle früherer Duldung trat nach dem Tode des Kaisers Maximilians II. eine oft sehr harte Bedrückung der Evangelischgesinnten, und man ging sehr bald darauf aus, das Lutherthum in Oberösterreich zu unterdrücken und das Papstthum ganz wieder herzustellen. Zu diesem Ende wurde die evangelische Religionsübung und die Benützung evangelischer Schulen, sowohl heimliche als öffentliche, aufs strengste verboten und alle Unterthanen an ihre katholischen Pfarrkirchen angewiesen. Das war für die im evangelischen Glauben Befestigten eine höchst traurige und verhängnißvolle Zeit. Doch Härteres sollte nachfolgen. Denn als, nach einiger, für die Evangelischen etwas günstigeren Zwischenzeit unter dem Kaiser Rudolph II. Kaiser Ferdinand II. im Jahre 1619 die Herrschaft über alle österreichischen Erblande überkommen hatte, da wurde nun auch in Oestreich, wie in seinen frühern Besitzungen: Steyermark, Kärnthen, und Krain, auf alle Art und Weise darauf hingearbeitet, das evangeli=

– 10 –

Was Wunder, dass unter dem Schutz einer solchen Zusicherung und unter der Regierung eines solchen, gegenüber jeder Gruppe äußerst gerechten und jeder Religionsverfolgung abgeneigten Monarchen, das bereits festgesetzte evangelische Glaubensbekenntnis in Ober- und Unterösterreich weite Verbreitung und immer mehr Anhänger fand. Aber das sollte sich in der Folgezeit grundsätzlich ändern.

Anstelle früherer Duldung trat nach dem Tod Kaiser Maximilian II. eine oft sehr harte Not der evangelisch Gesinnten. Man ging sehr bald dazu über, das Luthertum in Oberösterreich zu unterdrücken und das Papsttum wiederherzustellen. Mit diesem Ziel wurde die evangelische Religionsübung und die Nutzung evangelischer Schulen, sowohl heimlicher als auch öffentlicher, aufs strengste verboten und alle Untertanen wurden an ihre katholischen Pfarrkirchen verwiesen. Das war für die evangelischen Gläubigen bereits eine höchst traurige und verhängnisvolle Zeit. Doch noch Schlimmeres sollte folgen. Denn als nach einiger für die Evangelischen etwas günstigeren Zeit unter Kaiser Rudolph II. (1576-1612) Kaiser Ferdinand II. (1619-1637) im Jahr 1619 die Herrschaft über alle österreichischen Erblande übernommen hatte, da wurde nun auch in Österreich, wie in seinen früheren Besitzungen Steiermark, Kärnten und Krain, mit allen Mitteln darauf hingearbeitet, das evangelische Glaubensbekenntnis sche Glaubensbekenntniß ganz zu unterdrücken und auszurotten. So erfolgte im Jahre 1624 eine kaiserl. Verordnung, in welcher allen und jeden evangelischen Einwohnern des Landes ob der Ens anbefohlen ward, ihre Prediger und Schulmeister innerhalb 8 Tagen zu entlassen, oder, im Unterlassungsfalle, den schwersten Strafen an Leib und Gütern gewärtig zu seyn. Die Prediger sollten sich bei Gefängniß und anderen Strafen, ohne Verzug aus dem Lande entfernen, und nie wieder zurückkehren. Auch wurden Commissarien ernannt, welche in diesem Lande eine Art Reformation einführen, und dabei alle Kirchen mit römisch katholischen Priestern besetzen sollten. Dieser Verordnung zu Folge wurden im März und April des Jahres 1626, aller Bitten von Seiten der Evangelischen ungeachtet, alle evangelische Prediger aus Oberösterreich vertrieben, und an ihre Stelle katholische Geistliche eingesetzt.

In dieser Zeit der Noth wandten sich die Evangelischen in Oesterreich an evangelische Reichsfürsten mit der Bitte, man möchte ihnen doch durch gütige Fürsprache dazu verhelfen, daß ihnen die freie Religions-Uebung im Lande wieder hergestellt und gestattet würde. Doch alles vergeblich. Es wurde keine öffentliche Uebung des evangelischen Glaubens weiter geduldet, und auch außer Landes an einen evangelischen Ort zu reisen nicht erlaubet, sondern es wurden Alle zum katholischen Glauben gezwungen.

zu unterdrücken und ganz auszurotten. So erfolgte im Jahre 1624 eine kaiserliche Verordnung, in welcher allen und jedem evangelischen Einwohner des Landes ob der Enns befohlen wurde, die Prediger und Schulmeister innerhalb von acht Tagen zu entlassen, oder, im Unterlassungsfall, schwersten Strafen an Leib und Gütern unterworfen zu werden. Die Prediger sollten unter Androhung von Gefängnis und anderen Strafen ohne Verzug das Land verlassen und nie wieder zurückkehren. Auch wurden Kommissionen eingesetzt, welche in diesen Ländern eine Art Gegenreformation durchführen und dabei alle Kirchen mit römisch-katholischen Priestern besetzen sollten. Dieser Verordnung zu Folge wurden im März und April des Jahres 1626 ungeachtet aller Bitten von Seiten der Evangelischen alle evangelischen Prediger aus Oberösterreich vertrieben und an ihrer Stelle katholische Geistliche eingesetzt.

In dieser Zeit der Not wandten sich die Evangelischen in Österreich an evangelische Reichsfürsten mit der Bitte, man möge ihnen doch durch gütige Fürsprache dazu verhelfen, dass ihnen die Religionswahl erneut zugesichert und die freie Religionsübung im Lande wieder gestattet würde. Doch diese Bemühungen waren vergeblich. Es wurde weiterhin weder eine öffentliche Ausübung des evangelischen Glaubens geduldet, noch erlaubt, außer Landes an einen evangelischen Ort auszuwandern. Alle evangelischen Gläubigen wurden zum katholischen Glauben gezwungen.

So erzählt z. B. ein gewisser Reidinger, welcher früher Mönch und Mitreformator in Oestreich, später aber zum evangelischen Glauben übergetreten war, in seiner 1653 zu Leipzig gehaltenen Predigt, daß ein evangelisch gewesener, darauf katholisch gewordener Edelmann zu Neuhaus», wie ein rasender Hund mit einer Peitsche in der Hand von Haus zu Haus gelaufen und seine Unterthanen, so nicht gutwillig katholisch werden wollten, Männer und Weiber, in sein Schloß getrieben habe.» Allda, heißt es dann weiter, waren »die kaiserlichen Commissarien, katholische Geistliche »und Häscher; erstere legten ihrer Majestät gnädig= »sten Willen vor, daß Sie Niemanden, außer der »römisch katholischen Religion in ihrem Lande dulden »wollten; die Geistlichen hatten die Hostie in der Hand, »die Häscher schwere Ketten und Bande in Händen. Nun »hieß es, ob sie entweder das Abendmahl unter einer »Gestalt empfangen, oder von den Häschern in Ketten »und Banden sich ins Gefängniß wollten werfen lassen. »Bei solcher drohenden Gewalt, der sie nicht widerste= »hen konnten, gelobten Viele, um nur wieder zu ihren »Kindern gelangen zu können, Gehorsam, und dann »wurde ihnen, ohne allen vorhergehenden Unterricht im »Glauben, die Hostie gegeben; die übrigen kamen ins »Gefängniß und wurden dort so lange geplagt, bis »auch sie übertraten.» Gewaltthätigkeiten der Art fanden an vielen andern Orten statt, und darum suchten die evangelischen Stände von Oesterreich auch bei dem so

So erzählt zum Beispiel ein gewisser Johannes Riedinger[3], der früher Mönch und katholischer Reformer in Österreich, später aber zum evangelischen Glauben übergetreten war, in seiner 1653 in Leipzig gehaltenen Predigt, dass ein evangelischer, darauf katholisch gewordener Edelmann zu Neuhaus »wie ein rasender Hund mit einer Peitsche in der Hand von Haus zu Haus gelaufen und seine Untertanen, wenn sie nicht freiwillig katholisch werden wollten, Männer und Weiber, in sein Schloß getrieben habe.«[4] Dort, heißt es dann weiter, »waren die kaiserlichen Kommissionen, katholische Geistliche und Häscher; erstere verkündeten ihrer Majestät gnädigsten Willen, wonach Sie keine andere Religion in ihrem Land dulden wolle, außer der römisch-katholischen; die Geistlichen hatten die Hostie in der Hand, die Häscher schwere Ketten und Bande in den Händen. Nun wurden die Zusammengetriebenen gefragt, ob sie entweder das Abendmahl unter einer Gestalt empfangen wollten, oder von den Häschern in Ketten und Banden ins Gefängnis geworfen werden. Unter solcher Gewaltandrohung, der sie nicht widerstehen konnten, versprachen viele, sich zu unterwerfen, um nur wieder zu ihren Kindern kommen zu können. Dann wurde ihnen, ohne dass sie im Glauben unterrichtet worden wären, die Hostie gegeben. Die übrigen kamen ins Gefängnis und wurden dort so lange gequält, bis auch sie zum katholischen Glauben übertraten.« Gewalttätigkeiten dieser Art fanden auch an vielen andern Orten statt. Deshalb wandten sich die evangelischen Stände von Österreich

eben begonnenen Reichstage zu Regensburg um Abhül=
fe und Erleichterung ihrer Lage an. Und nicht vergeb=
lich. Es verwendete sich am 5. Mai 1653 die kursäch=
sische Gesandschaft im Namen aller evangelischen
Reichsstände bei dem Kaiser Ferdinand III. in einer
die sämmtlichen Evangelischen in den kaiserlichen Erb=
landen betreffenden Vorstellung, in welcher sie insonder=
heit in Ansehung der evangelischen Unterthanen in Oe=
sterreich um Abhülfe der angeführten Religionsbeschwer=
den alleruntertänigst baten. Doch anstatt, daß der
Zustand der Evangelischen hiedurch erleichtert worden
wäre, ward derselbe dadurch nur desto betrübter und trau=
riger, indem es Allerhöchsten Ortes höchst ungnädig
aufgenommen ward, daß sich die Evangelischen der Für=
bitte ihrer auswärtigen Glaubensverwandten bedient
hatten.

Es kam 1655 ein neues Mandat heraus, worin,
zu den frühern scharfen Verordnungen, das Verbot
hinzukam, keine lutherischen Bücher weiter zu behal=
ten, sondern dieselben, bei großer Strafe, ihrem Pfar=
rer, der sie alsobald verbrennen sollte, zuzustellen; so
wie auch an den verbotenen Tagen kein Fleisch zu es=
sen, sich des Ausreißens zu den evangelischen Religi=
onsgebräuchen zu enthalten. u. d. g. m.

So stand es um die Evangelischen in Oesterreich.
während der Regierungszeit des Kaisers Ferdinand II.

– 13 –

1653 auch an den gerade tagenden Reichstag zu Regensburg, um Hilfe und eine Erleichterung ihrer Lage zu erreichen. Ihr Ansuchen blieb nicht unerhört. Die kursächsische Gesandtschaft nahm sich ihres Anliegens an und wandte sich am 5. Mai 1653 im Namen aller evangelischen Reichsstände mit einer Petition an Kaiser Ferdinand III. (1637-1657), in der sie für sämtliche Evangelischen in den kaiserlichen Erblanden und insbesondere für die evangelischen Untertanen in Österreich alleruntertänigst um Abhilfe bei den vorgebrachten Religionsbeschwerden bat. Doch anstatt der erhofften Verbesserungen bewirkte die Petition das Gegenteil. Sie verschlechterte die Lage der Evangelischen – desto betrübter und trauriger –, weil es der kaiserliche Hof den evangelischen Ständen Österreichs verübelte, dass sie sich der Unterstützung auswärtiger evangelischer Fürsten bedient hatten.

1655 wurde ein neues Mandat veröffentlicht, das zusätzlich zu den früheren strengen Verordnungen das Verbot enthielt, lutherische Bücher zu besitzen. Diese Bücher waren, unter Androhung strenger Strafe bei Zuwiderhandeln, ihrem Pfarrer abzuliefern, der sie umgehend verbrennen sollte; darüber hinaus wurde es untersagt, an den verbotenen Tagen Fleisch zu essen, zu evangelischen Religionsbräuchen auszureisen und der Gleichen mehr.

So war die Lage der Evangelischen in Österreich unter den Kaisern Ferdinand II. und III., und so und III. und so blieb es auch unter ihrem Nachfolger Leopold I. es wurde kein anderer, als der katholische Gottesdienst im Lande geduldet.

Und doch hatte sich das evangelische Glaubensbekenntniß bei allen Bedrückungen im Laufe des 17. Jahrhunderts, und einige Zeit nachher, wie sonst in Oesterreich, so namentlich auch im kaiserlichen Salzkammergute, mitten im Papstthume, von den Vätern auf Kinder und Kindeskinder fortgepflanzt, und so über 130 Jahre im Verborgenen sich erhalten. Dies geschah vornehmlich dadurch daß die Evangelischgesinnten fortwährend im Besitze evangelischer Bücher, freilich ganz im Verborgenen, zu bleiben suchten, und sich daraus belehrten und erbaueten. Zu diesem Ende sorgten sie dafür, daß in jedem Hause wenigstens eine oder zwei Personen fertig lesen und schreiben, und so den übrigen vorlesen konnten.

So viel sich nun, ohne offenbare Lebensgefahr, thun ließ, versammelten sie sich, wie wir weiter unten aus Zeugnissen von jener Zeit vernehmen werden, ganz im Verborgenen untereinander, wo dann immer Einer vorlas, und die Andern zuhörten. Ward einer von ihnen krank, so konnten sie es zwar nicht hindern, daß er von den katholischen Geistlichen besucht wurde, doch kamen auch die Glaubensgenossen herbei, und bereiteten den Kranken mit Gebet zu einem seligen Tode vor.

– 14 –

blieb sie auch unter ihrem Nachfolger Leopold I. (1658-1705). Es wurde kein anderer als der katholische Gottesdienst im Lande geduldet.

Dennoch hatte sich das evangelische Glaubensbekenntnis allen Verboten und Unterdrückungsversuchen zum Trotz im Laufe des 17. Jahrhunderts und in der späteren Zeit weiter ausgebreitet. Wie in Österreich insgesamt, so pflanzte es sich auch im kaiserlichen Salzkammergut, mitten in der vom Papsttum geprägten Region, von den Vätern auf die Kinder und die Kindeskinder fort und blieb dadurch über 130 Jahre im Verborgenen erhalten. Dies geschah vornehmlich dadurch, dass die evangelisch Gesinnten fortwährend versuchten, evangelische Bücher zu besitzen, freilich ganz im Verborgenen, und sich daraus belehrten und erbauten. Zu diesem Zweck sorgten sie dafür, dass in jedem Haus wenigstens ein bis zwei Personen des Lesens und Schreibens mächtig waren und so den übrigen vorlesen konnten.

Soweit es die drohende Lebensgefahr zuließ, versammelten sie sich, wie wir weiter unten aus Zeugnissen aus jener Zeit vernehmen werden, ganz im Verborgenen, wo dann immer einer vorlas und die anderen zuhörten. Erkrankte einer von ihnen, konnten sie es zwar nicht verhindern, dass er von katholischen Geistlichen besucht wurde, doch besuchten ihn auch die Glaubensgenossen und bereiteten den Kranken mit Gebeten auf einen seligen Tod vor.

Bei dem Allem bewiesen sie sich, in ihren Berufsarbeiten und sonst in ihrem Lebenswandel ganz untadelhaft, so daß man im Grunde der Wahrheit nie etwas Strafwürdiges auf sie bringen konnte.

Nur war es für sie etwas überaus Hartes und Drückendes, daß sie, im Herzen evangelisch gesinnt und begründet, äußerlich die erkannte Wahrheit verleugnen, mit zur Messe gehn, und sich auch sonst den Katholischen gleich stellen mußten.

Dieß ward ihnen, je länger es dauerte, desto härter und drückender. Und so kam es endlich, als sie nun alle Hoffnung einer freien Religionsübung im Vaterlande aufgeben mußten, daß sie auf Mittel und Wege dachten, aus der Heimath hinweg, in evangelische Länder auswandern zu dürfen. Denn auch diese beklagenswerthe Freiheit war ihnen bisher gar sehr erschweret worden, indem man ihnen, in solchen Fällen, nicht nur ihr Hab und Gut, sondern auch noch ihre Kinder zurückbehielt. Um nun die unbeschränkte Erlaubniß der Auswanderung zu erlangen, hatten sich einige Ausgewanderte aus ihrer Mitte an die evangelischen Reichsstände zu Regensburg gewendet, und dieselben um eine Verwendung und Fürsprache für sie bei dem Kaiser Carl VI. angeflehet. Diese säumten auch nicht, sich der bedrängten Glaubensbrüder im Salzkammergute anzunehmen, und durch zwei Bittgesuche in

Darüber hinaus verhielten sie sich in ihrem Beruf und in ihrem Lebenswandel tadellos, wodurch sie keinen Anlass boten, dass ihnen Strafwürdiges vorgeworfen werden konnte.

Dennoch war es für sie äußerst hart und bedrückend, dass sie, im Herzen evangelisch gesinnt und überzeugt, öffentlich die erkannte Wahrheit verleugnen, mit zur Messe gehen und sich auch sonst den Katholischen gleichstellen mussten.

Diese Zustände erwiesen sich, je länger sie andauerten, umso härter und bedrückender. Sie führten dazu, dass, nachdem die Evangelischen alle Hoffnungen einer freien Religionsausübung im Vaterland aufgeben mussten, sie nach Mitteln und Wegen suchten, um aus der Heimat in evangelische Länder auswandern zu dürfen. Auch diese ihnen zustehende Freiheit war ihnen bisher äußerst erschwert worden, indem man ihnen in solchen Fällen nicht nur ihr Hab und Gut, sondern auch noch ihre Kinder zurückbehielt. Um dennoch die uneingeschränkte Erlaubnis zur Auswanderung zu erhalten, hatten sich einige Ausgewanderte aus ihrer Mitte an die Evangelischen Reichsstände in Regensburg gewandt und diese gebeten, sich für ihr Anliegen zu verwenden und entsprechend Fürsprache bei Kaiser Karl VI. zu halten. Die Evangelischen Reichsstände griffen das Anliegen der bedrängten Glaubensbrüder im Salzkammergut auf. In zwei Bittgesuchen an

den Jahren 1727 und 1728, bei Sr. Majestät, dem Kaiser, es dahin zu bringen, daß seinen evangelischen Unterthanen, welche Religions halber auszuwandern Lust hätten, weder ihr Vermögen, noch ihre Kinder zurückgehalten würden.

Als dies Gesuch 3 Jahre hindurch ohne Antwort blieb, wandten sich die evangelischen Reichsstände abermals an den Kaiser, indem sie unter dem 30. December 1730 eine Vorstellung an ihn einsandten, worin Se. Majestät, im Namen der evangelischen Fürsten und Reichsstände gebetten wurde, den Evangelischen in dem Salzkammergute ihre Habseligkeiten und Kinder nicht länger vorzuenthalten.

Allein auch diese Fürbitte blieb ohne Erfolg und man fuhr beständig fort, die heimlichen Bekenner des Evangeliums, wenn sie als solche erkannt wurden, mit Gefängniß oder andern Strafen zu belegen; bei ihren Auswanderungen aber ihr Vermögen und ihre unmündigen Kinder zurückzuhalten; wie dieß besonders aus einem noch vorhandenen Bittschreiben erhellet, welches die evangelischen Reichsstände aufs neue wieder, unter dem 4. Juli 1733 abgefaßt, und unter dem 29. jenes Monats an den Kaiser abgesandt hatten. (Siehe den ersten Anhang N. 1.)

Wäh=

seine Majestät den Kaiser in den Jahren 1727 und 1728 forderten sie ihn auf, dass seinen evangelischen Untertanen, die aufgrund ihrer Religion auszuwandern wünschten, weder ihr Vermögen noch ihre Kinder zurückgehalten werden.[5]

Nachdem diese Gesuche drei Jahre lang ohne Antwort blieben, wandten sich die Evangelischen Reichsstände abermals an den Kaiser. In einer Eingabe vom 30. Dezember 1730 baten sie Seine Majestät im Namen der evangelischen Fürsten und Reichsstände, den Evangelischen im Salzkammergut ihre Habseligkeiten und Kinder nicht länger vorzuenthalten.[6]

Doch auch diese Bitte blieb ohne Erfolg. Die Praxis, die heimlichen Bekenner des Evangeliums, wenn sie als solche erkannt wurden, mit Gefängnis oder anderen Strafen zu belegen, und ihnen, wenn sie auswanderten, ihr Vermögen und ihre unmündigen Kinder zurückzuhalten, wurde fortgesetzt. Dies belegt besonders ein erneutes, überliefertes Bittschreiben, welches die Evangelischen Reichsstände am 4. Juli 1733 verfassten und am 29. jenes Monats an den Kaiser sandten.[7] (Siehe dazu den ersten Anhang, Nr. 1).

Während jedoch solches zu Regensburg vorbereitet wurde, hatte der Kaiser mittlerweile an den Salzamtmann Grafen von Seeau, den Befehl ergehn lassen, die Gemeinen zusammen zu rufen, und eine jede Familie, die sich zur evangelischen Religion bekennete, aufzuzeichnen.

In Folge dieses Befehls verfügte sich Graf Seeau nebst 2 Capucinern noch am letzten Juni 1733 nach dem Salzberge zu Hallstadt und stellte den versammelten Bergleuten dar, wie er wohl wisse, daß Etliche von ihnen nur äußerlich den katholischen Glauben bekennten; sie sollten nicht heucheln; wenn sie nicht von Grund des Herzens katholisch sein wollten, so wolle er sie im Kammergute nicht weiter leiden, sondern es solle sich ein jeder, der nicht katholisch wäre, zu seiner Obrigkeit, wo er ansäßig wäre, begeben und einen Paß begehren; man würde ihnen gewißlich Pässe geben und sie hinreisen lassen, wohin sie wollten, mit Weib und Kindern, wie auch mit einigem Vermögen und Habschaft.

Dies vernahmen die Bergarbeiter mit großer Freude, indem sie hofften, nun endlich von ihrer Gewissensmarter befreit zu werden, und, nach Verlassung ihres Vaterlandes, an einen Ort zu gelangen, wo sie den evangelischen Glauben öffentlich bekennen könnten.

– 17 –

Während diese Bittschrift in Regensburg vorbereitet wurde, hatte der Kaiser mittlerweile dem Salzamtmann Ferdinand Friedrich Graf von Seeau (1693-1768) den Befehl erteilt, die Bewohner zusammenzurufen und jede Familie in eine Liste aufzunehmen, die sich zur evangelischen Religion bekannte.

In Ausführung dieses Befehls reiste Graf Seeau begleitet von zwei Kapuzinermönchen am 30. Juni 1733 zum Salzbergwerk nach Hallstatt. Dort erklärte er den versammelten Bergleuten, er wisse wohl, dass viele von ihnen sich nur äußerlich zum katholischen Glauben bekennen würden. Sie sollten aber nicht heucheln. Wenn sie nicht von Grund des Herzens katholisch sein wollten, so wolle er sie fortan nicht weiter im Salzkammergut dulden. In diesem Fall solle sich jeder, der nicht katholisch ist, zu seiner Obrigkeit begeben, wo er ansässig ist, und einen Pass beantragen. Man würde den Antragstellern bestimmt die beantragten Pässe aushändigen und sie dorthin reisen lassen, wo sie wünschten, und zwar sowohl mit Weib und Kindern als auch mit einigem Vermögen und ihrem Besitz.[8]

Dieses Versprechen vernahmen die Bergarbeiter mit großer Freude, hofften sie doch, nun endlich von ihren Gewissensqualen befreit zu werden, indem sie nach dem Verlassen ihres Vaterlandes einen Ort wählten, wo sie sich offen zum evangelischen Glauben bekennen könnten.

Aus diesem Grunde saumten sie nicht, sich bei ihrer Obrigkeit als solche anzumelden, die in ihrem Herzen evangelisch wären, und daher die zu ihrer Auswandrung benöthigten und versprochenen Pässe zu begehren. Da sollen sich, wie man versichert, bei 1200 Personen zur evangelischen Religion bekannt haben.

Eine so große Anzahl hatte man aber katholischer Seits nicht vermuthet, und so hielt man mit der Ertheilung der Pässe zurück. Es wurden, auf höheren Befehl, im August jenes Jahres zu Hallstadt und Ischel eine sogenannte Reformations Commisson angeordnet, vor welcher alle und jede, die sich als evangelisch hatten einschreiben lassen, erscheinen und sich prüfen lassen mußten. Und ob sie nun gleich, nach Maßgabe ihrer Kenntniß, ihre Uebereinstimmung mit der evangelischen Lehre deutlich genug bezeugten, so hieß es dennoch sie wüßten selbst nicht, was sie glaubten, aus allen ihren Reden könne man schließen, daß sie nur deßwegen aus dem Lande gehen wollten, damit sie unter den Evangelischen nach ihrem Gefallen leben könnten.

Dagegen erwiderten sie, daß, indem sie sich zur augsburgischen Confession bekenneten, sie keine andere Absicht hätten, als ihre Seelen zu retten, und selig werden zu können. Was sie jetzt noch nicht völlig verstanden, wollten sie in den evangelischen Ländern gründlich erlernen, weil sie ein recht sehnliches Verlangen

Aus diesem Grund zögerten die dem evangelischen Glauben anhängenden Untertanen nicht, sich bei ihrer Obrigkeit zu melden und die für die Auswanderung benötigten und versprochenen Pässe zu beantragen. Aufgrund der Zusicherung des Salzamtmanns sollen sich, so wird versichert, ungefähr 1200 Personen offen zum evangelischen Glauben bekannt haben.

Weil man aber von katholischer Seite eine so große Zahl bekennender Lutheraner nicht vermutet hatte, verzögerten die Behörden zunächst die Ausstellung der Pässe. Auf höheren Befehl wurde im August jenes Jahres in Hallstatt und Ischl eine sogenannte Reformations-Kommission eingesetzt. Vor ihr hatten all jene zu erscheinen, welche sich als Evangelische hatten registrieren lassen, um einer Prüfung unterzogen zu werden. Obwohl sie entsprechend ihrer Überzeugung ihr Bekenntnis zur evangelischen Lehre glaubhaft bezeugten, hieß es dennoch, sie wüssten selbst nicht, was sie glaubten. Aus allen ihren Ausführungen könne man schließen, dass sie keineswegs ihres Glaubens wegen, sondern nur deshalb auswandern wollten, um unter Evangelischen nach ihren eigenen Vorstellungen leben zu können.

Gegen solche Unterstellungen erwiderten sie, dass sie mit ihrem Bekenntnis zur Augsburgischen Konfession keine andere Absicht hätten, als ihre Seelen zu retten, um so selig werden zu können. Was sie in Glaubensfragen noch nicht vollständig verständen, wollten sie, die ein großes Verlangen nach mehrerem Unterrichte hätten. Wäre ihnen doch bisher nicht erlaubt gewesen, von evangelischen Lehrern das Wort zu hören, und alle Lehren in gehöriger Ordnung zu fassen; sondern hätten, was sie wüßten, nur aus heimlicher Lesung der heiligen Schrift und lutherischer Bücher begriffen. In den vornehmsten Glaubensartikeln wären sie mit den Evangelischen einig, und hätten sie wohl inne; die Nebenfragen gehörten nicht hieher, welche sie schon zu seiner Zeit lernen wollten.

So wohlgegründet nun auch diese Gegenvorstellungen waren, so fanden sie doch kein Gehör; sondern es ward ihnen am Ende vor der Commission angedeutet, daß man die Ursachen, warum sie für evangelisch erkannt sein wollten, nicht hinreichend fände, und ihnen daher auch nicht erlauben könnte, aus dem Lande zu ziehn.

Es ward ihnen demnach sowohl die Ausübung der evangelischen Religion, als auch die Auswanderung verboten. Auch ließen es sich die Geistlichen sehr angelegen sein, diese evangelisch gesinnten Leute zur katholischen Religion zurückzubringen; wie dieß aus dem Memoriale oder Bittgesuche erhellet, welches Einige dieser bedrängten Glaubensbrüder unter der Aufschrift: « Regensburg den 8. Juni 1734 » an die Reichsstände daselbst gerichtet hatten. In dieser Bittschrift beklagen sich die unterschriebenen Salzkammergutarbeiter, wie sie

nach mehr und vertieftem Unterricht hätten, in evangelischen Ländern gründlich erlernen. Bisher sei es ihnen doch nicht erlaubt gewesen, von evangelischen Lehrern das Wort Gottes und die Glaubenslehre systematisch vermittelt zu bekommen. Was sie vom Glauben wüssten, hätten sie sich nur aus dem heimlichen Lesen der Heiligen Schrift angeeignet. In den wichtigsten Glaubensartikeln stimmten sie mit den Evangelischen überein und diese seien ihnen auch vertraut. Darüber hinausgehende Artikel stünden jetzt nicht zur Debatte. Diese würden sie sich zu gegebener Zeit aneignen.

So wohlbegründet auch die vorgebrachten Gegenargumente waren, so fanden sie damit dennoch kein Gehör. Als Ergebnis der Befragung wurde ihnen von der Kommission mitgeteilt, dass die Begründung, weshalb sie als Evangelische anerkannt werden wollten, nicht ausreiche und nicht überzeuge. Es könne ihnen daher auch nicht erlaubt werden auszuwandern, aus dem Land zu ziehen.

Demnach wurde den Evangelischen sowohl die Ausübung der evangelischen Religion als auch die Auswanderung verboten. Darüber hinaus bemühten sich die Geistlichen sehr darum, die evangelisch Gesinnten zur katholischen Religion zurückzuführen. Das verdeutlichen Eingaben oder Gesuche, wie zum Beispiel jenes Bittgesuch, welches einige dieser bedrängten Glaubensbrüder am 8. Juni 1734 an die Evangelischen Reichsstände in Regensburg richteten.[9] In dieser Bittschrift beklagen sich die unterzeichnenden Salzkammergutarbeiter, wie sie

sich nennen, daß sie wegen der h. evangel. Religion in großem Zwange lebten, und vielfältig angefochten würden. So würden von den Gerichten zu Hallstadt und in der Herrschaft Wildenstein sowohl bei Nacht, als auch am Tage Gerichtsdiener in die Häuser der evangelisch Geschriebenen abgeschickt, um nachzusehn, ob nicht Etliche der Evangelischen beisammen wären, die etwa ein Evangelium, eine Predigt, oder sonst ein evangelisches Buch läsen, in welchem Falle der Hausherr, wie auch der Vorlesende den Gerichten übergeben, und nach Linz ins Gefängniß befördert würde.» Auf solche
»Art, wird weiter berichtet, würde ihnen vielfältig zuge=
»setzt, und sie müßten sich sehr hüten, daß sie nicht
»beim Lesen und Singen ertappt würden, und könnten
»nur im Verborgenen, in den Wäldern oder sonst im
»Geheimen ihren Gottesdienst halten und ihrer Andacht
»pflegen, weil sie sonst, im Betretungsfalle, mit Ge=
»fängnißstrafe belegt würden. Es ergeht demnach, er=
»klären sie zuletzt, an alle Abgesandte des evangelischen
»Reichskörpers unsere unterthänigste Bitte, Sie wollen
»sich unser um Gotteswillen erbarmen und uns behülf=
»lich seyn, daß wir, so es Gottes gnädiger Wille ist,
»die Freiheit bekommen mögen, allhier in unserm Va=
»terlande evangelische Prediger, Kirchen und Gottes=
»dienst halten zu können, wie sie unsere Väter vor 100
»Jahren gehabt haben; wenn solches aber nicht gesche=
»hen kann, so bitten wir, Sie wollen uns an einen

sich selbst bezeichnen, dass sie, weil sie der Heiligen Evangelischen Religion anhingen, in großem Zwang lebten und in vielfältiger Weise bedrängt werden. So würden zum Beispiel von den Gerichten in Hallstatt und in der Herrschaft Wildenstein »sowohl in der Nacht als auch am Tag Gerichtsdiener in die Häuser derjenigen geschickt, die sich öffentlich als Lutheraner bekannt hatten, um zu überprüfen, ob sich dort Evangelische mit dem Ziel träfen, ein Evangelium, eine Predigt oder sonst ein evangelisches Buch zu lesen. Wenn das zutreffe, würde sowohl der Hausherr als auch der Vorlesende den Gerichten übergeben und nach Linz ins Gefängnis befördert. Mit solchen Maßnahmen, wird weiter berichtet, würde ihnen vielfältig zugesetzt, und sie müssten sehr darauf achten, nicht beim Lesen und Singen ertappt zu werden. Sie könnten deshalb nur im Verborgenen, in den Wäldern oder sonst an geheimen Orten, ihre Gottesdienste abhalten und ihre Betstunden pflegen, weil sie sonst Gefahr liefen, mit Gefängnisstrafen belegt zu werden. Die Unterzeichner richteten daher an alle Gesandte des Corpus Evangelicorum in Regensburg die untertänigste Bitte, sich ihrer um Gotteswillen anzunehmen. Man solle ihnen behilflich sein, so es Gottes gnädiger Wille ist, die Freiheit zu bekommen in ihrem Vaterland evangelische Prediger, Kirchen und Gottesdienst zu haben, so wie sie die Vorfahren vor 100 Jahren hatten. Sollte das aber nicht zu erreichen sein, so bitten sie darum, dass Ihnen zur Auswanderung verholfen wird an einen

» Ort oder Land verhelfen, allwo wir die evangelische,
» der unveränderten Augsburgischen Confession zugetha=
» ne Religion und Glauben unverhindert und öffentlich
» haben mögen. » —

» Darum helfet uns doch ehestens zu dem seligma=
» chenden evangelischen Glauben, helfet uns, daß wir
» Christum vor aller Welt bekennen, wie ihn unsere
» Voreltern bekannt haben. „

Nach solchen Vorgängen, und wohl auch in Fol‌ge eines neuen Befehles, forderte die verordnete Re‌formations Commission am 29. Mai 1734 und den bei‌den folgenden Tagen 44 angesessene Hausväter jener e‌vangelisch gesinnten Leute vor sich, und kündigte ihnen an, sich fertig zu machen, um den 6. oder 7. Juni bei Linz zu Schiffe zu gehen, und dann nach Siebenbür‌gen abgeführt zu werden, woselbst sie, wurde drohend hinzugefügt, den Rest (ihren Lohn) empfangen sollten. Dieser Zusatz schreckte die Anwesenden, und bei 13 Männer aus ihrer Mitte, namentlich: Michael A=ster, Thomas Täubler, Mathias Fischer, Thomas Kayser, Michael Schöffer, Andreas Primesperger, Jakob Riedler, und Wolf Engleutner, erklärten ganz offen, » wenn man ihnen in Siebenbürgen den Rest geben wollte, so wäre es nicht nöthig, sie so weit zu führen, sie wären, solchen um des Evangelii willen gleich hier zu empfangen bereit. » Auf diese Erklärung hin wurden diese Männer alsobald in Verhaft genom

– 21 –

Ort oder in ein Land, wo sie der evangelischen, unveränderten Augsburgischen Konfession folgen und diese Religion und diesen Glauben ungehindert und öffentlich ausüben könnten [...]«

»Darum helft uns doch, so schnell wie möglich zu dem seligmachenden evangelischen Glauben, helft uns, daß wir uns zu Christus vor aller Welt bekennen können, wie sich bereits unsere Ahnen bekannt haben«.[10]

Als Folge solcher Entwicklungen und wohl auch eines neuen Befehls bestellte die eingesetzte Reformations-Kommission am 29. Mai 1734 und den beiden folgenden Tagen 44 ansässige Hausväter jener Evangelischen ein, die sich öffentlich zu ihrem Glauben bekannt hatten. Dort wurde ihnen angekündigt, sich vorzubereiten, um am 6. oder 7. Juni in Linz eingeschifft und nach Siebenbürgen abgeführt zu werden. Dort, so die hinzugefügte Drohung, würden sie den Rest ihres Lohns, also die Strafe für ihr Verhalten erhalten. Dieser Zusatz bestürzte die Anwesenden, so dass ungefähr 13 Männer, namentlich Michael Alster, Thomas Täubler, Mathias Fischer, Thomas Kayser, Michael Schöffer, Andreas Primesperger, Jakob Riedler und Wolf Engleitner, offen und frei erklärten, »wenn man ihnen in Siebenbürgen den Rest geben wollte, so wäre es nicht nötig, sie so weit wegzubringen, denn sie wären bereit, diesen um des Evangeliums willen gleich hier zu empfangen.«[11] Nach deren Erklärung wurden diese Männer mit der Begründung, sich unmen und ohne Verzug auf Schiffen nach Linz abgeführt, mit dem Bedeuten, solches geschehe ihnen ihres Ungehorsames wegen. *)

Die Uebrigen erklärten, nach jenem Vorgange: »wider Gewalt könnten sie nicht streiten, und müßten es geschehen lassen, was man mit ihnen anfangen wolle; für die Wahrheit aber zu sterben, wären sie im Uebrigen in ihrem Vaterlande so fertig, wie in Ungarn.« Diese Erklärung wurde von der Commission als eine Bewilligung in den Abzug angenommen, und zu Protokoll gebracht. Doch verzog es sich auch diesmal mit dem verheißenen Abzuge, und so verwendeten sich, auf neues Ansuchen von Seite der bedrängten Glaubensbrüder im Salzkammergute, die evangelischen Reichsstände, unter dem 19. Juni, mit einem neuen Bittgesuche an den Kaiser, dessen Hauptinhalt dahin ging, daß Ihre kaiserliche Majestät diesen evangelischen Unterthanen, wenn ihnen die ohnedem beweinenswerthe Wohlthat der Auswanderung vergönnt würde, wie man denn darum zu wiederholtenmalen gebetten, die Freiheit ge-

---

*) wie dies Alles ausführlicher berichtet wird in dem weiter unten vorkommenden Danksagungsschreiben dieser Leute an den Kaiser. Doch mögen die Verhafteten bald wieder entlassen worden sein, indem sie unter den am 13. Juli jenes Jahres von Klosterneuburg abgeführten Emigranten auch mit benannt sind.

– 22 –

gehorsam verhalten zu haben, umgehend in Haft genommen und unverzüglich auf Schiffen nach Linz abgeführt.*

Nach diesen Ereignissen erklärten die übrigen Evangelischen, »gegen die Staatsgewalt wollten sie sich nicht auflehnen und müssten deshalb das geschehen lassen, was man mit ihnen vorhabe. Sie wären aber bereit, für die Wahrheit zu sterben, sowohl in ihrem Vaterland als auch in Ungarn.«[12] Diese Erklärung wurde von der Kommission als Zustimmung für eine Auswanderung gedeutet und entsprechend zu Protokoll genommen. Doch auch dieses Mal zog sich die Umsetzung des Versprechens in die Länge. Deshalb wandten sich die Evangelischen Reichsstände, einem wiederholten Ansuchen der notleidenden Glaubensbrüder im Salzkammergut folgend, am 19. Juni 1734 mit einem neuen Bittgesuch an den Kaiser.[13] Dessen wesentliches Anliegen zielte darauf, Ihre kaiserliche Majestät möge es diesen evangelischen Untertanen, wenn ihnen entsprechend der wiederholt vorgetragenen Bitten die beklagenswerte Wohltat der Auswanderung vergönnt würde, freistellen,

---

* Einen ausführlichen Bericht zu diesen Vorgängen enthält das im ersten Anhang, Nr. 3. abgedruckte Dankschreiben der nach Linz abgeführten Personen an den Kaiser. Die verhafteten müssen wohl bald wieder entlassen worden sein, weil sich ihre Namen in der Liste der am 13. Juli 1734 von Klosterneuburg aus nach Siebenbürgen abgeführten Emigranten befinden.

statten möge, an Oerter, die sie selbst erwählten, um wo sie Sicherheit zu finden glaubten, sich zu begeben, nicht aber an einen Platz, wo sie vielleicht eben der Bedrückung in der Glaubensübung unterworfen würden, sich niederzulassen.

Dieß neue Bittgesuch führte zum erwünschten Erfolg, es wurde endlich zur Ausführung des kaiserlichen Befehls geschritten und den oben genannten Hausvätern am 4. Juli angekündigt, daß am 9. Juli die Schiffe von Linz mit ihnen abgehen würden; daher, wer etwas Weniges mitnehmen wollte, solches in ein Fäßchen einpacken solle; die ihre Güter verkauft hatten, mußten das Geld dem Pfleger oder Kreisbeamten zustellen, und erwarten, was ihnen davon; bei ihrem Abzuge, werde mitgegeben werden.

Und nun am festgesetzten 9. Juli 1734 erfolgt der endliche Abzug von Linz aus, und ging vorerst nach Klosterneuburg oberhalb Wien. Hier nahm der Regierungsrath von Zelto, wie auch der damalige Deputirte der sächsischen Nation am kaiserlichen Hofe, der Herrmannstädter Stuhlsrichter Johann Kinder von Friedenberg diese Auswanderer, auf kaiserlichen Befehl, in Empfang, und Letzterer führet darüber in seinem Berichte über die zu Klosterneuburg eingeschifften und bis nach Ofen abgeführten Emigranten (Auswanderer) aus Oberöstreich, Ofen den 15. Juli 1734, nach einem

solche Orte wählen zu dürfen, die sie selbst bestimmten. Damit sollte gewährleistet werden, dass sie sich dort ansiedeln konnten, wo sie die erhoffte Sicherheit zu finden glaubten und ihnen nicht Orte zugewiesen werden, an denen die Ausübung ihres Glaubens unterdrückt wird.

Dieses erneute Bittgesuch führte zum erwünschten Erfolg, wurde doch endlich der kaiserliche Befehl ausgeführt. Den genannten Hausvätern kündigte man am 4. Juli an, dass sie am 9. Juli von Linz eingeschifft werden. Deshalb sollte jeder das Wenige, das mitzunehmen erlaubt war, in ein Fässchen einpacken; jene, die ihre Güter verkauft hatten, sollten den Erlös dem Pfleger oder Kreisbeamten überreichen und abwarten, was ihnen bei der Abfahrt von diesem Betrag mitgegeben wird.

Am festgesetzten 9. Juli 1734 erfolgte die Abfahrt von Linz und führte zunächst nach Klosterneuburg oberhalb von Wien. Hier wurden die Auswanderer auf kaiserlichen Befehl von Regierungsrat von Zelto und auch vom damaligen Abgeordneten der Sächsischen Nation am kaiserlichen Hof, dem Hermannstädter Stuhlrichter Johann Kinder von Friedenberg (1672-1740), in Empfang genommen. Dieser schreibt in seinem Bericht vom 15. Juli 1734[14] über die in Klosterneuburg eingeschifften und bis nach Ofen gebrachten Emigranten (Auswanderer) aus Oberösterreich nach einer kur-

kurzen Eingange Folgendes an: » So haben (wir) nach
» unser alleruntertänigsten Pflicht den 10. Juli 1734
» um mit einander dahin (nach Klosterneuburg) bege=
» ben, da so denn gedachter Herr Regierungrath be=
» meldeten Emigranten erstlich und bescheidentlich vor=
» getragen: Wie Ihre kaiserliche Majestät aus ange=
» borner allerhöchster Clemenz (Gnade) gesonnen wä=
» ren, sie, Emigranten, als neue Bekenner der Augs=
» burgischen Confession und Religion in Dero Fürsten=
» thum Siebenbürgen, sonderlich unter die deutsche und
» sächsische Nation zu transloniren (überzusiedeln), all=
» wo dieselbe nicht allein gesunde und fruchtbare Oer=
» ter zu ihrer Unterkunft, sondern auch das freie Exer=
» citium (Ausübung) der Augsburgischen Confession und
» Religion vorfinden würden; wornebst Ihre kaiserliche
» Majestät aus besonderer väterlicher Absicht und Mil=
» de auch mich Johann Kinder v. Friedenberg als ei=
» nen gebornen Siebenbürgischen Sachsen und diesma=
» ligen Deputirten am kaiserlichen Hofe allergnädigst
» zu ihnen verordnet und anbefohlen, daß (ich) die
» Beschaffenheit des Landes, auch der sächsischen Nati=
» on und Religions Constitution mündlich und aufrich=
» tig expliciren (auslegen), auch so denn mit ihnen bis
» Ofen gehen würde.

» Worauf (ich) diesem Allerhöchsten Befehle devo=
» test (ergebenst) nachkommen nnd in aller Wahrheit
» gedachten Emigranten die mir aufgegebene Momen-

– 24 –

zen Einführung Folgendes: »So haben wir uns gemäß unserer alleruntertänigsten Pflicht am 10. Juli 1734 gemeinsam nach Klosterneuburg begeben. Dort hat der genannte Herr Regierungsrat den Emigranten zunächst behördlicherseits die Entscheidung mitgeteilt: Danach sei ihre kaiserliche Majestät aus angeborener allerhöchster Gnade geneigt, sie, die Emigranten, als neue Bekenner der Augsburgischen Konfession und Religion in das Fürstentum Siebenbürgen umzusiedeln, und zwar zur deutschen und Sächsischen Nation. Hier würden sie nicht nur gesunde und fruchtbare Orte für ihre Unterkunft und Ansiedlung vorfinden, sondern auch die freie Ausübung der Augsburgischen Konfession und Religion sei sichergestellt. Darüber hinaus habe ihre kaiserliche Majestät aus besonderer väterlicher Fürsorge und Milde auch Johann Kinder von Friedenberg, einen geborenen Siebenbürger Sachsen und derzeitigen Abgeordneten am kaiserlichen Hofe, allergnädigst zu ihnen geschickt, der sie bis Ofen begleiten werde. Ihm sei aufgetragen worden, er solle den Auswanderern ebenso die Beschaffenheit des Landes wie auch die der sächsischen Nation und der Religionsverfassung wahrheitsgemäß mündlich erläutern.

Darauf bin ich dem allerhöchsten kaiserlichen Befehl ergebenst nachkommen und habe wahrheitsgetreu den Emigranten den mir gege-

» te, (Bemerkungen) dermaßen declariret (erkläret)
» habe:

» 1. daß nehmlich noch vor etlich hundert Jahren
» viele 1000 Familien aus Deutschland in Siebenbür=
» gen gezogen, welche annoch allda wohneten und sich
» Sachsen hießen, altdeutsch redeten, und alle (außer
» gar wenig) der Augsburgischen Confession und Reli=
» gion zugethan wären.

» 2. Hätte gedachte deutsche oder sächsische Nation
» in Siebenbürgen die vornehmsten Oerter und Städ=
» te gebaut, welche sie bisjetzo bewohnet, und seyen
» die zwei Ihnen angewiesenen Dörfer, als Großau
» nur zwei, und Neppendorf kaum eine Stunde von der
» Hauptstadt Herrmannstadt entlegen.

» 3. Seyen bemeldete Oerter von gut und gesunder
» Luft, auch ansonsten von sehr fruchtbarem Boden.

» 4. Wären in beiden Orten einzig und allein die
» Augsburgische Confession und Religion im Brauch.

» 5. Würde ich aus Allerhöchstem kaiserlichem Be=
» fehlig mit ihnen bis Ofen die Donau herunter fahren,
» da denn eiligst vorangehn, um Einem Hochlöbli=
» chen Siebenbürgischen Gubernio und Magistrat zu
» Herrmannstadt dero Zahl und Beschaffenheit kürzlich
» zu melden, uud von daher die ferneren Anstalten zu

benen Auftrag verkündet und folgendermaßen erläutert:

1. Vor etlichen hundert Jahren seien viele 1000 Familien aus Deutschland nach Siebenbürgen gezogen. Dort siedelten sie bis heute, würden sich Sachsen nennen, altdeutsch reden und bis auf wenige Ausnahmen der Augsburgischen Konfession und Religion angehören.

2. Die Sächsische Nation in Siebenbürgen habe die wichtigsten Gemeinden und Städte erbaut, in denen die Sachsen bis heutzutage lebten. Den Auswanderern seien zwei Dörfer zugewiesen worden, nämlich Großau, das nur zwei, und Neppendorf, welches keine Stunde von der Hauptstadt Hermannstadt entfernt liege.

3. In den genannten Orten herrsche ein gutes und gesundes Klima. Darüber hinaus verfügten sie über sehr fruchtbaren Boden.

4. In beiden Gemeinden sei einzig und allein die Augsburgische Konfession im Brauch.

5. Ich würde mit den Auswanderern gemäß dem kaiserlichen Befehl bis Ofen die Donau hinunterfahren. Von dort aus würde ich dann der Gruppe vorauseilen, um das hochlöbliche Siebenbürgische Gubernium und den Magistrat von Hermannstadt kurz über die Zahl und den Zustand der Auswanderer zu unterrichten, damit auf dieser Grundlage rechtzeitig alle weiteren

» ihrem Unterkommen in Zeiten gemacht werden können
» möchten.

» Welches Alles gedachte Emigranten mit großer
» Aufmerksamkeit angehöret, und ganz sich willig und
» getröstet bezeigt, auch da noch überdieß von obge=
» dachten Titl. Hrn. Regimentsrath von Zelto denen
» Dürftigen ihre bisherigen Reise Diurnen begnüglich
» vermehret und ausgetheilet worden, haben sie Gott
» und Ihrem allergnädigsten Kaiser mit aufgehobenen
» Händen bewegligst vor solche voll und unverhoffte
» Gnade gedanket, und den 13. dieses ganz ruhig
» und freudig von Klosterneuburg abgefahren, auch
» wehrender Reise bis zur Ankunft in Ofen, welche am
» 15. Juli gegen Abend um 7 Uhr erfolget, in friedli=
» cher Gelassenheit bis zu meinem Abschied beständig
» verharret, und ein großes Verlangen bald in Sie=
» benbürgen zu kommen bezeuget. »

Bei diesem also beschriebenen Abzuge von Kloster=
neuburg befanden sich 47 Familien, die aus 82 ver=
heuratheten Männern und Frauen, 4 Wittwen, 80
Söhnen und 89 Töchtern, nebst 2 Knechten, im Gan=
zen aus 263 Köpfen bestanden, und auf 4 Schiffen
bis nach Ofen geführt wurden.

Von Ofen aus, bis wohin sie Kinder von Frie=
denberg begleitet, dann aber, wie er in seinem Berich=

– 26 –

Vorbereitungen für deren Unterkunft getroffen werden.

Diesen Ausführungen folgten die Emigranten mit großer Aufmerksamkeit, sie zeigten sich auswanderungswillig und beruhigt. Das umso mehr, als der bereits erwähnte Titl. Herr Regimentsrat von Zelto den Bedürftigen ihr bisheriges Reisegeld aufstockte und auszahlte. Tief bewegt haben die Auswanderer Gott und ihrem allergnädigsten Kaiser mit hochgehobenen Händen für die erfahrene unverhoffte Gnade gedankt und sind dann am 13. Juli ganz ruhig und freudig von Klosterneuburg abgefahren. Auch während der Reise und bis zur Ankunft in Ofen am 15. Juli gegen Abend um 7 Uhr, wo ich mich verabschiedete, waren sie friedlich, gelassen und äußerten den großen Wunsch, bald in Siebenbürgen anzukommen.«

Dieser beschriebene Abzug von Klosterneuburg aus umfasste 47 Familien, mit 82 verheirateten Männern und Frauen, 4 Witwen, 80 Söhnen und 89 Töchtern sowie 2 Knechten, insgesamt also 263 Köpfe*. Sie wurden mit 4 Schiffen bis nach Ofen gebracht.

Stuhlrichter Kinder von Friedenberg begleitete die Auswanderer, wie er in seinem Bericht

* Die von Ettinger hier genannte Summe der Personen des ersten Transports ist nicht korrekt. Vgl. dazu auch den ersten Anhang Nr. 2, S. 81-85.

te angibt, vorausgeeilt war, um Alles für sie vorzubereiten, langten sie, unter der Aufsicht eines kaiserl. Commissärs, der sie bis hierher geleitet hatte, nun grade vor 100 Jahren, den 20. August 1734 in Großau an, von wo sie dann weiter, einstweilen auf Heltau geführet wurden, wie dieß, außer einer weiter unten vorkommenden Briefstelle aus jener Zeit, insbesondere aus dem Hermannstädter Magistrats Protokolle vom 21. August 1734 zu ersehen ist, wo nämlich angezeigt wird, »daß die vom Allerhöchsten Hofe her= »nieder destinirten oberöstreichischen Emigranten unter »Gottes Begleitung und Segen mit einem kaiserlichen »Commissario glücklich hieselbst angelangt, und einstwei= «len nach Heltau einquartirt worden seien.» (Die Namen derselben s. im 1. Anhang N. 2.)

Bei dieser ihrer Ankunft allhier bezeugte der eben genannte kaiserl. Commissär dem damaligen Hrn. Landesgubernator und seinem Gefolge, daß er nie andächtigere und tugendhaftere Christen gesehn hätte, als diese, indem er die 7 Reisewochen hindurch von ihnen kein böses Wort im Gegentheil aber nur beten und singen gehört habe.

So mit Gottes Hülfe in Siebenbürgen angelangt, und in Heltau vor der Hand untergebracht, sprachen die Leute in einem Schreiben an den Kaiser, mit Zurückweisungen auf ihre letztern Schicksale im bisherigen

schreibt, bis Ofen, um dann vorauszueilen und in Siebenbürgen alles vorzubereiten. Von Ofen aus zogen die 47 Familien, begleitet und beaufsichtigt von einem kaiserlichen Kommissar, weiter und erreichten vor nun gerade 100 Jahren am 20. August 1734 Großau. Von dort wurden sie zunächst nach Heltau gebracht, wie ein im Anhang abgedruckter Brief und insbesondere ein Protokoll des Hermannstädter Magistrats vom 21. August 1734 erkennen lässt. Darin heißt es, »daß die auf Befehl des Allerhöchsten Hofes hierher verschickten oberösterreichischen Emigranten unter Gottes Schutz und begleitet von einem kaiserlichen Kommissar glücklich hier angekommen und vorübergehend in Heltau einquartiert worden sind.«[15] (Deren Namen finden sich im ersten Anhang Nr. 2).

Bei der Ankunft versicherte der genannte kaiserliche Kommissar dem damaligen Herrn Landesgouverneur und seinem Gefolge, er habe nie andächtigere und tugendhaftere Christen gesehen als diese. Während der gesamten sieben Reisewochen habe er von ihnen kein böses Wort, im Gegenteil sie nur beten und singen gehört.

Mit Gottes Hilfe in Siebenbürgen angekommen und vorläufig in Heltau untergebracht, wandten sich die Emigranten in einem Schreiben an den Kaiser. Mit Verweis auf ihre Erfahrungen der letzten Zeit in ihrem Vaterland, dankten sie ihm

Vaterlande ihren Dank für die Beförderung nach Siebenbürgen aus.

(Siehe den 1. Anhang N. 3.

Was nun ihre Aufnahme zu Heltau anbelangt,
so beschloß der Löbl. Magistrat von Hermannstadt, wie
in dem angeführten Protokolle vom 21. August berich=
tet wird: » aus christbrüderlicher Liebe, daß diese ar=
» men Leute 8 Tage hindurch von den Heltauern mit
» Brot und Fleisch verpfleget, alsdann solche Unkosten
» ihnen vom Publico acceptirt, nachgehends jeder Fami=
» lie ein Kübel Frucht gereichet, und mittlerweile ein Je=
» der seiner zuerwählenden Lebensart halber befragt wer=
» den solle. » Und unter dem 17. September heißt es
» dann in diesem Protokolle. » Zur Besorgung derer nach
» Neppendorf angewiesenen neu angekommenen Emi=
» grannten wird Hr. Stadthauptmann und Hr. Hamm=
» lescher bestellet, welche denenselben, sowohl in ih=
» rem vorhabenden Bau, als auch in allen andern vor=
» fallenden, erforderlichen Nothwendigkeiten bestens an
» die Hand gehen sollten. »

Wie wohl es ihnen nun bei solcher Aufnahme,
hier unter den evangelischen Glaubensgenossen gewesen
sey, ist leicht zn denken, und erhellet besonders aus ei=
nem noch vorfindlichen Briefe, welchen Paul Kaiser
an seinen Sohn Johann Kaiser unter der Aufschrift:
» geschehn zu Heltau, den 29. August 1734 « geschrieben,

dafür, nach Siebenbürgen überführt worden zu sein.

(Siehe dazu den ersten Anhang Nr. 3).

Mit Blick auf die Aufnahme in Heltau beschloss der Löbliche Magistrat von Hermannstadt gemäß dem angeführten Protokoll vom 21. August »aus christbrüderlicher Liebe, daß diese armen Leute acht Tage lang von den Heltauern mit Brot und Fleisch verpflegt und diese Kosten von der Staatskasse getragen werden. Danach soll jede Familie einen Kübel Getreide erhalten und jede Person nach ihrer Lebensart, ihrem Beruf befragt werden.«[16] Und unter dem 17. September heißt es in diesem Protokoll: »Zur Betreuung der neu angekommenen, nach Neppendorf eingewiesenen Emigranten werden Herr Stadthauptmann und Herr Hammlescher bestellt, die ihnen sowohl bei den geplanten Bauarbeiten als auch in allen anderen anfallenden und notwendigen Angelegenheiten bestens zur Hand gehen sollen.«[17]

Wie angenehm sie die Aufnahme unter evangelischen Glaubensgenossen in Heltau empfunden haben, kann man sich gut vorstellen und wird besonders aus einem überlieferten Brief deutlich, welchen Paul Kaiser an seinen Sohn Johann Kaiser am 29. August 1734 aus Heltau geschrieben hat. Darin heißt es unter anderem: »Lieber Sohn, unsere Reise zu Wasser und zu Lande ist glücklich

wo es unter anderm also heißet: »Lieber Sohn, un»sere Reise ist zu Wasser und zu Lande glücklich fort»gegangen, und wie wir in Siebenbürgen an denen
»evangelischen Oertern angekommen sind, haben uns
»sowohl welt- als geistliche Herrn mit Freuden em»pfangen, und uns höchst gnädig begabet mit Geld,
»Fleisch, Wein uud Bier und anderm mehr, und
»wie wir unsere Reise vollendet, und in Heltau einquar»tiret sind, so haben sie uns nicht allein mit leiblicher
»Nothdurft reichlich begabet, sondern haben auch einer
»jeden Familie ein Johann Arndt Paradißgärtlein, und
»einer jeden Person Luthers Katechismum und andere
»schöne Bücher verehret. Wir haben auch, Gott sey
»ewig Lob und Dank, gute, eifrige evangelische Re»genten und Obrigkeiten, die uns sowohl in geist- als
»leiblichen Sachen Schutz tragen, und einem Jedwe»den nach Stand und Vermögen zum weitern Fort»kommen helfen. Wir haben auch, Gott sey Lob, gu»te evangelische Prediger, die uns das reine Wort
»Gottes klar vortragen. « — In gleichem Geiste schreibt
Mathias Fischer an seine Brüder Hars und Joseph
Fischer in Goisern» Datum den 9. September 1834
»Liebe Brüder, ich schreibe Euch aus brüderlicher Lie»be und mache Euch zu wissen, daß ich noch bis dato
»frisch und gesund bin, und mein Stückel Brod hier
»in Siebenbürgen reichlich zu gewinnen habe, und woll»te, Gott schickte es, daß es in meinem Vaterlande
»auch also stände, als wie hier in Siebenbürgen. Wir

verlaufen. Als wir in Siebenbürgen in den evangelischen Gemeinden angekommen sind, haben uns sowohl die weltlichen als auch geistlichen Behörden mit Freude empfangen und uns höchst barmherzig mit Geld, Fleisch, Wein, Bier und anderem mehr versehen. Und als wir unsere Reise beendet und in Heltau einquartiert worden sind, haben sie uns nicht nur mit leiblicher Nahrung reichlich versorgt, sondern auch jeder Familie ein ›Paradisgärtlein‹[18] von Johann Arndt und jeder Person einen Luther-Katechismus und andere schöne Bücher geschenkt. Wir haben auch, Gott sei ewig Lob und Dank, gute und eifrige evangelische Herrscher und Obrigkeiten, die uns sowohl in geistlichen wie in leiblichen Angelegenheiten Schutz bieten und jedem von uns je nach Stand und Vermögen zu weiterem Fortkommen helfen. Wir haben auch, Gott sei Lob, gute evangelische Prediger, die uns das reine Wort Gottes klar vortragen.«[19] In gleichem Sinn schreibt Mathias Fischer an seine Brüder Hans und Joseph Fischer in Goisern mit Datum vom 9. September 1734: »Liebe Brüder, ich schreibe Euch aus brüderlicher Liebe und lasse Euch zu wissen, daß ich noch bis dato frisch und gesund bin und mein täglich Brot hier in Siebenbürgen reichlich verdienen kann. Ich wünschte, Gott solle es so einrichten, daß es in meinem Vaterlande auch so wäre wie hier in Siebenbürgen. Wir sind zwar jetzt im Dorf Hel-

„seyn zwar jetzt im Dorf Heltau, aber es ist unsers „Bleibens nicht hier in diesem Dorf, sondern wir seyn „durch unsere allergnädigsten Herren auf Neppendorf „beschieden; dieweilen es aber so schlecht gebaut ist, „so hat man uns einmahl in dieses Dorf eingesetzt, „bis es ein wenig zu besitzen ist, und mache Euch zu „wissen, daß dies Dorf Neppendorf 1/2 Stunde von „Hermannstadt liegt, und näher gegen unser Vater= „land, als dieser Ort, wo wir jetzt seyn."

An diesem ihrem ersten Aufenthaltsorte war es auch, wo ihnen am 26. August 1734 in der Heltauer Kirche 74 Fragen über ihren Glauben zur Beantwortung vorgelegt wurden: (Die nähere Angabe derselben s. d. 1. Anhang N. 4) Nach Neppendorf kamen diese Leute noch im Laufe des 1734ger Jahres, nachdem daselbst Alles für sie vorbereitet war.

Dies war also die erste Colonie oberösterreichischer Glaubensbrüder die ihres evangelischen Glaubensbekenntnisses wegen, an dem sie so fest und unerschütterlich gehalten, und für dasselbe die irdischen Güter in der Heimath aufgeopfert hatten, durch Gottes Fügung hieher gekommen sind. Eine 2te und 3te Colonie folgte aus gleichem Glaubensdrange am 9. October und 29. November 1735 aus Oberösterreich nach, und wurde theils hierher nach Neppendorf theils nach Großau angewiesen. (Siehe den 1. Anhang N. 5) Gegen 20. Jah=

tau, aber wir werden nicht hier in diesem Dorf bleiben, sondern unsere allergnädigsten Herren haben Neppendorf für uns bestimmt. Weil der Ort aber in keinem guten Zustand ist, hat man uns vorübergehend in Heltau untergebracht, bis dort die notwendigen Vorbereitungen getroffen sind. Ich lasse Euch wissen, daß dieses Dorf Neppendorf ½ Stunde von Hermannstadt entfernt ist und näher an unserem Vaterland liegt als der Ort, wo wir jetzt sind.«[20]

An ihrem ersten Aufenthaltsort unterzog man die Neuankömmlinge einer Glaubensprüfung. Am 26. August 1734 wurden ihnen in der Heltauer Kirche 74 Fragen über ihren Glauben zur Beantwortung vorgelegt. (Zu näheren Angaben zu diesen Fragen siehe den ersten Anhang Nr. 4).[21] Nach Neppendorf kamen die Emigranten noch im Laufe des Jahres 1734, nachdem dort alles für ihre Aufnahme vorbereitet worden war.

Dieses war die erste Gruppe oberösterreichischer Glaubensbrüder, die ihres evangelischen Glaubensbekenntnisses wegen, an dem sie so standhaft und unerschütterlich festgehalten sowie dafür die irdischen Güter in der Heimat aufgeopfert haben, durch Gottes Fügung hierher gekommen sind. Eine zweite und dritte Gruppe folgte als Ergebnis des gleichen Glaubensdranges am 9. Oktober und 29. November 1735 aus Oberösterreich nach. Sie wurden teils hierher nach Neppendorf, teils nach Großau eingewiesen. (Siehe dazu den ersten Anhang Nr. 5). Ungefähr 20 Jahre später kam eine vierte Gruppe evange-

re später kam eine 4te Kolonie evangelischer Glaubensbrüder aus Oberösterreich nach, die aber größtentheils in Großpold und bei Hermannstadt untergebracht wurde.

Und nun ihr Alle, die ihr von den erstern der genannten Kämpfer für den evangelischen Glauben abstammet, an Euch zunächst ergehet, am Schluße des ersten und zu Anfange des 2ten Jahrhunderts seit jener Zeit die Aufforderung, daß Ihr den auch für Euch erkämpften evangelischen Glauben über Alles hochachtet, ihn Euren Kindern und Kindeskindern als das theuerste Kleinod ans Herz leget, und daß Ihr auch ihm gemäß lebet. Eure Vorfahren, die vor 100 Jahren ihres Glaubens wegen so viel aufgeopfert haben, sind hinüber gegangen in das Land des Friedens, wo ihnen, wie Allen, die im Glauben treu beharren bis ans Ende, die Krone der Gerechtigkeit beigelegt worden ist. Von hier herab sehn sie nun auf Euch, ihre Nachkommen. Wie würdet Ihr, wenn Ihr nun auch, einer nach dem andern, in das ewige Leben abgerufen werdet, vor ihnen erscheinen können, wie euch schämen und verwünschen müssen, wenn ihr das theure Kleinod, und den freien Gebrauch desselben, was sie Euch errungen haben, nicht auf das sorgfältigste bewahrtet und bestens benützet.

Doch schon auch hier auf Erden, welche Verächtung muß nicht einem Jeden von Euch betreffen, der

lischer Glaubensbrüder aus Oberösterreich, die aber größtenteils in Großpold und bei Hermannstadt untergebracht wurde.

Und nun ihr Alle, die ihr von den ersten der genannten Kämpfer für den evangelischen Glauben abstammt, an Euch ergeht am Ende des ersten und zu Anfang des zweiten Jahrhunderts seit jener Zeit zunächst die Aufforderung, dass ihr den auch für euch erkämpften evangelischen Glauben über alles hochachtet, ihn euren Kindern und Kindeskindern als das teuerste Kleinod ans Herz legt und auch ihm gemäß lebt. Eure Vorfahren, die vor 100 Jahren ihres Glaubens wegen so viel aufgeopfert haben, sind hinüber gegangen in das Land des Friedens, wo ihnen, wie allen, die im Glauben treu beharren bis ans Ende, die Krone der Gerechtigkeit zuerkannt worden ist. Von dort sehen sie nun auf euch, ihre Nachkommen herab. Wie würdet ihr, wenn ihr zu gegebener Zeit auch einer nach dem andern in das ewige Leben abgerufen werdet, vor ihnen erscheinen können, wie euch schämen müssen und Reue zeigen, wenn ihr das teure Kleinod und den freien Gebrauch desselben, die sie für euch errungen haben, nicht auf das sorgfältigste bewahrt und bestens benützt hättet?

Doch auch schon hier auf Erden, welche Verachtung müsste nicht jeden von Euch treffen, der solch ein Gut, als der so theuer erkämpfte Glaube der Vorfahren ist, gering achtet, lau und wankelmüthig in Hinsicht desselben sich bezeiget oder überhaupt einen Lebenswandel führet, der ganz das Gegentheil eines solchen Glaubens darthut. O möchten sich nie solche Auswürflinge unter Euch zeigen.

Und Ihr Andern, deren Vorfahren einst die bedrängten Glaubensbrüder so menschenfreundlich aufgenommen haben, möget Ihr es nie außer Acht lassen, daß dieß fromme Werk im Laufe dieses Jahrhunderts auf den Wohlstand unsers Dorfes und seiner Bewohner einen unverkennbaren wohlthätigen Einfluß gehabt, und daß überhaupt die Ansiedelung deutscher Glaubensbrüder in gar viel bessern Folgen sich bewehret hat, als die Ansiedelungen die sonst statt gefunden haben.

Möget ihr alle zusammen, als Genossen eines und desselben Glaubens, als Abkömmlinge von einem und demselben Volksstamm und als Theilnehmer gleichmäßiger Rechte und Freiheiten, in ungestörtem Frieden, in brüderlicher Eintracht und Liebe wie es unser evangelische Glaube an uns fordert, unter und mit einander leben, unterthänig jeder menschlichen Ordnung, gehorsam gegen die Obrigkeit, und vor allen treu ergeben dem deutschen Kaiserhause von Oestreich; dann wird Gott auch mit Euch sein, und mit Euren Kindern, wie er als ein schützender Vater mit Euern Vorfahren gewesen ist. Amen.

solch ein Gut wie den so schwer erkämpften Glauben der Vorfahren gering achtet, sich gleichgültig und wankelmütig verhält oder überhaupt einen Lebenswandel führt, der genau das Gegenteil eines solchen Glaubens offenbart? Oh, möchten sich nie solche Auswürflinge unter Euch zeigen!

Und ihr Andern, deren Vorfahren einst die in Bedrängnis geratenen Glaubensbrüder so menschenfreundlich aufgenommen haben, möget ihr es nie außer Acht lassen, dass dieses fromme Ansiedlungswerk im Laufe des verflossenen Jahrhunderts sich unübersehbar vorteilhaft auf den Wohlstand unseres Dorfes und seiner Bewohner ausgewirkt hat. Darüber hinaus, dass insgesamt betrachtet die Ansiedlung deutscher Glaubensbrüder und deren Folgen sich viel besser bewährt hat, als die anderen Ansiedlungen, die stattgefunden haben.

Möget ihr alle zusammen als Getreue ein und desselben Glaubens, als Abkömmlinge ein und desselben Volksstammes und als Teilhaber gleicher Rechte und Freiheiten in ungestörtem Frieden, in brüderlicher Eintracht und Liebe, wie es unser evangelischer Glaube von uns fordert, unter- und miteinander leben, ergeben jeder menschlichen Ordnung, gehorsam gegenüber der Obrigkeit und vor allem treu ergeben dem deutschen Kaiserhaus von Österreich. Dann wird Gott auch mit Euch sein und mit Euren Kindern, wie er ein schützender Vater für Eure Vorfahren gewesen ist. Amen.

Erster Anhang.
Urkundliche Angaben.

1.

Das besagte Bittschreiben vom 4. Juli 1733 beginnt also: »Euer Kaiserl. Majestät ist zweifelsfrei »unverborgen, waßmaßen in Dero österreichischen Pro»vinzien, besonders dem Lande ob der Ens und Her»zogthum Kärnthen, mehrmalen und seit einiger Zeit »zahlreicher denn vorhin, Leute sich befinden, welche »ohne andere Absichten, — aus einem pur lautern »Gewissenstriebe von der katholischen zu der evangeli=»schen Religion treten, und weil dieser letztern Uebung »ihnen in bisheriger ihrer Heimath nicht gestattet wird, »des Beneficii Emigrationis (der Wohlthat der Aus=»wanderung) theilhaftig zu werden, ein Nothgedrun=»genes Verlangen tragen.

»Ob nun wohl keines Weges zu vermuthen ist, daß »dieses Letztere Euer Kaiserl. Majestät bemerkten Leu»ten versagen sollten, sondern zu Euer Kaiserl. Ma

Erster Anhang

Urkunden

1.

Intercessions-Schreiben Kursachsens im Auftrag des Corpus Evagelicorum an Kaiser Karl VI. die österreichischen Emigranten betreffend, Augsburg 7. Juli 1733, überreicht am 29. Juli 1733.[22]

Ewr. Kayserl. Majestaet ist zweiffels frey unverborgen, was massen in Dero Oesterreichischen Provinzien, besonders dem Lande ob der Ens und Herzogthum Cärnthen, mehrmalen, und seit einiger Zeit zahlreicher denn vorhin, Leute sich finden, welche ohne alle andere Absichten [...] aus einem pur lautern Gewissens=Triebe von der Catholischen zur Evangelischen Religion treten, und weil dieser letzern Ubung ihnen in bißheriger ihrer Heymath nicht gestattet wird, des beneficii Emigrationis theilhafftig zu werden ein nothgedrungenes Verlangen tragen. Ob nun wohl keinesweges zu vermuthen ist, daß dieses letztere Ewr. Kayserl. Majestät bemerckten Leuten versagen sollten, sondern zu Ewr. Kayserl. Majes-

Erster Anhang.

»jeſtät allerhöchſtem Ruhme die bisherige Erfahrung
»ſelbſten ein anderes lehret, — laufen jedoch etliche Um=
»ſtände mit unter, welches die evangeliſchen Reichs=
»ſtände zu Gemüthe zu nehmen ſich nicht entbrechen
»können. Sintemal, glaubwürdigem Bericht nach, vie=
»le ſolcher Oeſterreichiſchen und Kärntiſchen Untertha=
»nen, männ = und weiblichen Geſchlechts, ſobald ſie
»zur evangeliſchen Religion ſich bekennen, oder dahin
»einige Neigung verſpüren laſſen, und den von der
»Geiſtlichkeit neuerlich auf die Bahn gebrachten Eid,
»nicht abſchwören wollen, von denen Beamten und
»Unterobrigkeiten etliche Wochen und Monathe lang
»mit ſchwerer Gefängnißſtrafe beleget werden, und
»die in der evangeliſchen Religion darum gleichwohl
»beſtändig Verbleibenden endlich zwar wiederum ihre
»perſönliche Freiheit ſammt der Erlaubniß abzuziehn
»erlangen, aber insgemein mit der für ſie allzubetrüb=
»ten Beſchränkung, daß ſie ihre unmündigen Kinder
»zurücklaſſen müſſen, hier nächſt, wo nicht überhaupt,
»doch wenigſtens unter eben dieſem Prätext derer
»Kinder Verſorgung wo nicht den völligen Betrag,
»mindeſtens größten Theil ihres beweglichen und un=
»beweglichen Vermögens.»

«Allergnädigſter Kaiſer und Herr, Euer Kaiſerl. Ma=
jeſtät wollen wir mit weitläuffiger An= und Ausführung
gegen obiges Dero Regierung und Landeshauptmann=

Erster Anhang

tät allerhöchten Ruhme die bisherige Erfahrung selbsten bereits ein anderes lehret; [...] lauffen jedoch etliche Umstände mit unter, welche Status Evangelici zu Gemüthe zu nehmen sich nicht entbrechen können. Sintemal glaubwürdigen Bericht nach, [...] viele solcher Oesterreichischen und Cärnthischen Unterthanen Männ= und Weiblichen Geschlechts, so bald sie zur Evangelischen Religion sich bekennen, oder dahin einige Neigungen verspühren lassen, und den von der Clerisey neuerlich auf die Bahn gebrachten Eyd nicht abschwören wollen, von denen Beamten und Unter=Obrigkeiten, [...], etliche Wochen und Monathe lang mit schwerer Gefängnüß beleget werden, und in der Evanglischen Religion darum gleichwohl beständig verbleibende, endlich zwar wiederum [...] ihre persönliche Freyheit samt der Erlaubnüß abzuziehen erlangen, aber insgemein mit der für sie allzubetrübten Restriction, daß sie ihre unmündige Kinder zurücke lassen müssen, hiernächst wo nicht überhaupt, doch wenigstens unter diesen Prætext derer Kinder Versorgung, wo nicht den völligen Betrag, mindestens größten Theil ihres beweglichen und unbeweglichen Vermögens. [...]

Allergnädigster Kayser und Herr! Ewr. Kayserl. Majestät wollen wir mit weitläuffiger An= und Ausführung gegen obiges Dero Regierungen und Lands=Hauptmann schafften, oder Beam-

Erster Anhang.

schaften oder Beamten u. Unterobrigkeiten Verfahren für=
waltender Gründe, deren wir ohnedieß einige im allerun=
terthänigsten Inserat vom 30. Dec. 1750 schon beehret,
anjetzo abermals nicht beschwerlich fallen. Euer Kaiserl.
Majestät weltkundige allergnädigste Milde, auch erleuch=
teste Einsicht, was Religion sey, welcher Gestalt die Herr=
schaft über die Gewissen Gott allein sich vorbehalten,
und wie hingegen Gewissenszwang, noch jeder Zeit
schädliche Folgerungen gehabt haben, lassen uns also
zu unfehlbar hoffen, daß oben angeführte derer oberösterreichischen und kärnthischen Emigranten Bedrückungen
von Euer kaiserl. Majestät eigner Allerhöchster Willens
Meinung nicht herrühret, dero wegen auch ohne wei=
tere Umschweife wir zu der uns obliegenden Intercessi=
on schreiten, und Euer Kaiserl. Majestät im Namen
unserer höchst und hohen Principalien hierdurch angele=
gentlichst und unterthänigst gehorsamst ersuchen, mit
Dero zur evangel. Religion tretenden östreichischen und
kärnthischen Unterthanen, denen so dann alles Vermu=
thens nichts als das flebile beneficium Emigrationis
(die beweinenswerthe Wohlthat der Auswanderung)
übrig bleibet, die weitere preißwürdigste Commiserati=
on (oder Mitleid) zu tragen, und nachdrücklichst zu
verfügen, daß ihnen eben zu derselben entweder demü=
thigst gebettenen oder allergnädigst auferlegten Emigra=
tion (Auswanderung) benöthigte Pässe und Abzuge

Erster Anhang

ten und Unter=Obrigkeiten Verfahren fürwaltender [...] Gründe, deren wir ohne dies einige in alleunterthänigsten Inserat vom 30. Decembr. 1730. schon berührt, anjetzo abermals nicht beschwerlich fallen. Ewr. Kayserl. Majestät weltkündige allerhöchste Milde, auch erleuchteste Einsicht, was Religion seye? welchergestalt die Herrschaft über die Gewissen Gott alleine sich vorbehalten? und wie hingegen Gewissens=Zwang, [...] noch jederzeit schädliche Folgerungen gehabt habe? [...] lassen uns allzuohnfehlbar hoffen, daß obangeführte derer Oesterreichischen und Cärnthischen Emigranten Bedruckungen von Ewr. Kayserl. Majest. eigener allerhöchsten Willens=Meynung nicht herrühren. Derowegen auch ohne weitere Umschweife wir zu der uns obliegenden Intercession schreiten, und Ewr. Kayserl. Majestät im Namen unserer höchst= und hohen [...] Principalen, [...] hierdurch angelegentlichst und [...] allerunterthänigst= gehorsamst ersuche, mit Dero zur Evangelischen Religion tretenden Oesterreichischen und Cärnthischen Unterthanen, denen so dann alles Vermuthens nichts als das flebile beneficium Emigrationis übrig bleibt, die weitere preißwürdigste Commiseration zu tragen, und nachdrücklichst zu verfügen, daß ihnen eben zu derselben entweder demüthigst gebettener oder allergnädigst auferlegter Emigration benöthigte Pässe und Abzugsbriefe ertheilet, hiernächst zuförderst

Erster Anhang.

briefe ertheilet, hiernächst zuförderst sämmtliche unmündige Kinder und übrigens auch ihre geringe Habseligkeiten allenthalben verabfolget werden mögen.»

Nun folget der Schluß nebst der Unterschrift:

> Euer Kaiserl. Majestät
>
> Allerunterthänigste
>
> treu gehorsamste der evangel. Churfürsten Fürsten und Ständen zu gegenwärtiger Reichstags Bevollmächtigte Räthe, Bothschafter und Gesandte.

Erster Anhang

sämtliche unmündige Kinder und übrigens auch ihre geringe Habseligkeiten allenthalben verabfolget werden mögen. […]

Ew. Kayserl. Majestät

Regenspurg den 4. Julii 1733

Sigel aller unterzeichnenden Kurfürsten, Reichsfürsten und Reichsstädte

Erster Anhang.

2.

Das aus jener Zeit herrührende Verzeichniß lautet also:
»Compendiöse Specifikation derer Oberöstreichischer
»Emigranten, welche A. 1734 d. 13. Juli aus Kloster-
»neuburg nacher Siebenbürgen abgefahren:«

N a m e n.	Profession.	Alter.	Gattin.	Söhne.	Töchter.	Summe der Personen.
Erstes Schiff.		J.				
1. Paul Kayser	Provisionier	81	1	1	2	5
2. Andre Neff	Bruchenlaufer	60	—	2	3	6
3. Michael Neff	» »	40	1	2	2	6
4. Sebastian Huber	Eisenhauer	50	1	—	—	2
5. Mathias Huber	Maurer	40	1	1	4	7
6. Stephan Huber	Holzknecht	35	1	2	1	5
7. Blas. Eggenreiter	Partikularkn.	38	1	2	3	7
8. Paul Lähnpacher	» »	24	1	—	2	4
9. Peter Wimmer	Knechtewerber	60	1	—	2	4
10. Math. Heuschober	» »	54	1	1	5	8
11. Tobias Lamber	Fueder Fasser	44	1	3	—	5
12. Hans Zahler	Aufsetzknecht	41	1	2	3	7
13. Mich. Laßerer	Zimmerknecht	41	1	4	1	7
14. Jos. Heuschober	Knechtewerber	30	1	—	3	5

Zusammen 14 Familien bestehend in 13|20|3|1| 80
nebst 2 Witwen

Erster Anhang

2.

Compendiöse Specification deren Ober-Oestreichischen Emigranten welche A. 1734 d. 13. Julii auß Kloster Neuburg nacher Siebenbürgen abfahren.[23]

Namen	Profession	Alter	Gattin	Söhne	Töchter	Summe der Personen
Erstes Schiff						
		J.				
1. Paul *Kayser*	Provisionier	81	1	1	2	5
2. Andre *Neff*	Bruchenlaufer	60	-	2	3	6
3. Michael *Neff*	Bruchenlaufer	40	1	2	2	6
4. Sebastian *Huber*	Eisenhauer	50	1	-	-	2
5. Mathias *Huber*	Maurer	40	1	1	4	7
6. Stephan *Huber*	Holzknecht	35	1	2	1	5
7. Blas *Eggenreiter*	Parikularknecht	38	1	2	3	7
8. Paul *Lähnpacher*	Partikularknecht	24	1	-	2	4
9. Peter Wimmer	Knechtewerber	60	1	-	2	4
10. Math Heuschober	Knechtewerber	54	1	1	5	8
11. Tobias Lamber	Fueder Fasser	44	1	3	-	5
12. Hans Zahler	Aufsetzknecht	41	1	2	3	7
13. Mich. Lasserer	Zimmerknecht	41	1	4	1	7
14. Jos. Heuschober	Knechtewerber	30	1	-	3	5
Zusammen 14 Familien bestehend in nebst 2 Witwen			13	20	31	80

Erster Anhang.

Namen.	Profession.	Alter.	Gattin.	Söhne.	Töchter.	Summe der Personen.
Zweites Schiff.		J.				
1. Andreas Beer	Holzknecht	51	1	2	4	8
2. Andre Neubacher	Holzknecht	48	1	4	2	8
3. Hans Carman	Würheknecht	43	1	2	3	7
4. Hans Reißenauer	Zimmer=Meister	39	1	4	3	9
5. Kath. Riedlerin		56	W	2	1	4
6. Math. Bruchsteiner	Sauberer	60	1	—	—	2
7. Mich. Kupfleitner	» »	59	1	1	2	5
8. Hans Stüger	Bruchenlaufer	55	—	—	1	2
9. Wolf. Uhrsteger	Sauberer	54	1	5	1	8
10. Georg Stegner	» »	50	1	2	6	10
11. Hans Höll	Würheknecht	33	1	—	1	3

Zusammen: 11 Familien, bestehend in 9 ‖ 23 ‖ 24 ‖ 1 Wit
69 Personen.

Namen.	Profession.	Alter.	Gattin.	Söhne.	Töchter.	Summe
Drittes u. 4tes Schiff.		J.				
1. Thomas Riedler	Ausziegler	60	1	—	2	4
2. Georg Riedler	Holzknecht	70	1	1	1	4
3. Jacob Riedler	—	30				1
4. Math. Riedler	Holzknecht	27	1	2	1	5
5. Wolf. Engleutner	Bruchenlaufer	57		2		3
6. Blas. Engleutner	Sauberer	55				1
Kathar. » »		51		2	5	8
7. Math. » »		50	1	5	2	9
8. Hans Beer	Sauberer	57	1	5	2	9
9. Tobias Reisenauer	» »	53	1		1	3
10. Math. Fischer	Schneider	36				1
11. Mich. Löffer	Holzknecht	40	1	1	3	6
12. Hans Kappl	» »	35	1	5	1	8

Erster Anhang

Namen	Profession	Alter	Gattin	Söhne	Töchter	Summe d. Personen
Zweites Schiff						
		J.				
1. Andreas *Beer*	Holzknecht	51	1	2	4	8
2. Andre *Neubacher*	Holzknecht	48	1	4	2	8
3. Hans *Carman*	Würheknecht	43	1	2	3	7
4. Hans *Reißenauer*	Zimmer-Meister	39	1	4	3	9
5. Kath. *Riedlerin*		56	W.	2	1	4
6. Math. Bruchsteiner	Sauberer	60	1	-	-	2
7. Mich. Kupfleitner	Sauberer	59	1	1	2	5
8. Hans Stüger	Bruchenlaufer	55	-	-	1	2
9. Wolf. Uhrsteger	Sauberer	54	1	5	1	8
10. Georg *Stegner*	Sauberer	50	1	2	6	10
11. Hans *Höll*	Würheknecht	33	1	-	1	3
Zusammen 11 Familien, 69 Personen			9	23[24]	24	1 Wit.

Drittes u. 4tes Schiff						
		J.				
1. Thomas *Riedler*	Ausziegler	60	1	-	2	4
2. Georg *Riedler*	Holzknecht	40	1	1	1	4
3. Jacob *Riedler*		30	-	-	-	1
4. Math. *Riedler*	Holzknecht	27	1	2	1	5
5. Wolf. *Engleutner*	Bruchenlaufer	57	-	2	-	3
6. Blas. *Engleutner*	Sauberer	55	-	-	-	1
Kathar. *Engleutner*		51	-	2	5	8
7. Math. *Engleutner*		50	1	5	2	9
8. Hans *Beer*	Sauberer	57	1	5	2	9
9. Tobias *Reisenauer*	Sauberer	53	1	-	1	3
10. Math. *Fischer*	Schneider	36	-	-	-	1
11. Mich. *Köffer*	Holzknecht	40	1	1	3	6
12. Hans *Kappl*	Holzknecht	35	1	5	1	8

Erster Anhang.

Namen.	Profession.	Alter.	Gattin.	Söhne.	Töchter.	Summe der Person.
		J.				
13. Wolf. Lienbacher	Holzknecht	36	1	4	7	13
Mar. Lienbacher		60				1
14. Thomas Täubler	Partikularkn.	64		2	—	3
15. Andr. Primesberger	Sauberer	61	1			2
Wolf. Engel		17	—			2
und noch eine Waise.						
16. Math. Aster	Sauberer	54	1		3	7
17. Georg Kischl	Weehrknecht	56	—	1	1	3
18. Thomas Kayser	Schurpfknecht	37	1	1	1	4
19. Mich. Köberl	Holzknecht	36	1	4	1	7
20. Hans Gemshofer	Währknecht	34	1	2	2	4
Elisab. » »		28				2
Anna Grieshoferin		30				
21. Tobias Klöll	Wehrknecht	29				1
22. Maria Greinerin.		44				1
Zusammen: 22 Familien, bestehend in		14	37	34		113
im ersten Schiffe — 14 » » » »		13	20	31		81
im 2=ten Schiffe — 11 » » » »		9	23	24		69
überhaupt also waren: 47 » » 45 Haus W.		36	80	89		263
mit Inbegriff der Witwen u. Waisen.						

~~~~~~~~~~

Anm. Nur die durchschossenen Familien-Namen sind bei uns noch gewöhnlich.

Erster Anhang

Namen	Profession	Alter	Gattin	Söhne	Töchter	Summe der Personen
		J.				
13. Wolf. *Lienbacher*	Holzknecht	36	1	4	7	13
Mar. *Lienbacher*		60	-	-	-	1
14. Thomas Täubler	Partikularkn.	64	-	2	-	3
15. Andr. Primesber-	Sauberer	61	1	-	-	2
ger Wolf. Engel und eine Waise		17	-	-	-	2
16. Math. Aster	Sauberer	54	1	-	3	7
17. Georg Kischl	Weehrknecht	56	-	1	1	3
18. Thomas Kayser	Schurpfknecht	56	1	1	1	4
19. Mich. *Köberl*	Holzknecht	36	1	4	1	7
20. Hans Gemshofer	Währknecht	34	1	2	2	4
Elisab. Gemshofer		28	-	-	-	2
Anna Griehoferin		30				
21. Tobias Klöll	Wehrknecht	29	-	-	-	1
22. Maria Greinerin		44	-	-	-	1
Zusammen 22 Familien bestehend aus			14	37	34	113
im ersten Schiff 14 Familien bestehend aus			13	20	31	81
im zweiten Schiff 11 Familien bestehend aus			9	23	24	69
insgesamt: 47 Familien mit 45 Hausvätern mit inbegriffen der Witwen und Waisen.[25]			36	80	89	263

Anm.: Nur die kursiv gesetzten Familiennamen sind in Neppendorf noch gebräuchlich.

Erster Anhang.

3.

Das Schreiben der Eingewanderten an den Kaiser lautet also:

«Wir Endesunterschriebene gewefte Euer Kaiserl. Majestät Salzkammergutsarbeiter, und nunmehrige Emigranten aus Oesterreich ob der Ens können nicht umgehen, (und) es wird Euer Kaiserl. Majestät zweifelsohne vorhin genugsam wissen seyn, wasmaßen vor einem Jahr als nehmlich den letzten Juni 1733 Ihro Höchstgräfliche Gnade von Seeau, Salzamtmann mit 2 Capuciner Pater, wie auch mit den sämmtlichen Hrn. Officier zu Hallstadt bei dem Salzberg ankommende uns in Gegenwart und Anhörung derselben ganzen Bergmeisterschaft und Bergarbeitern eine ernstliche Ermahnung gethan, wenn wir nicht von Grund des Herzens katholisch seyn mögen, so wolle er uns im Kammergute nicht leiden, sondern er wolle lauter eifrig katholische Arbeiter haben, hat uns auch ernstlich befohlen, es solle ein Jeder zu seiner Obrigkeit gehn, allwo er ansäßig ist, man wird ihm gewißlich freien

Erster Anhang

3.

Dankesschreiben einer Gruppe der ersten in Siebenbürgen angekommen Transmigranten an Kaiser Karl VI., 27. August 1734.[26]

[...] können wir Endes unterschriebene Euer Kay. May. etc. etc. geweste Saltz-Cammer-Guts Arbeiter und nunmehrige Emigranten auß Oesterreich ob der Ens [...] nit umbgehen; Es wird Euer Röm. Kay. May. etc. etc. zweiffels ohne vorhin genugsam wißend seyn, wesmaßen vor einem Jahr, als nehmlichen den letzten Junii A. 1733 Ihro Hoch Gräfl. Gnaden v. Seeau etc. etc. Saltz-Amtmann mit 2 Capuciner-Pater wie auch den samptlichen Herren Officieren zu Hallstatt bey dem Saltzberg [...] ankamen, und uns Bergarbeitern eine ernstliche Vermahnung gethan, [...] wann wir nicht von Grund unsers Hertzen Catholisch seyn mögen, so wolle Er uns im Cammer-Gut nicht leyden, sondern er will lauter gut Catholische Arbeiter haben, hat uns auch [...] ernstlich befohlen, es soll ein jeder zu seiner Obrigkeit gehen, allwo er rücksäßig ist,

Erster Anhang.

Paß geben, daß er hinwegreise, wohin er wolle mit Weib und Kindern und seiner Habschaft. Diesem Befehle sind wir fleißig nachkommen, und haben bei unserer Obrigkeit um Paß gebetten, dieweilen wir uns nicht mehr getrauet, unsern Glauben zu verleugnen, denn unser eignes Gewissen hat uns überzeugt und für unrecht befunden, daß wir schon so lange Zeit geheuchelt haben, den evangelischen Glauben schon lange Zeit im Herzen gehabt und selben niemalen öffentlich zu bekennen getraut, als mit dieser guten Gelegenheit, absonderlich aus Rücksicht der Schrift Marc. 8, 38. Röm. 10, 10. Hiob 8, 13. haben also unsern Glauben bekennet vor Jedermann. »

Nun wird weiter berichtet, wie man hinterher ihnen doch aus dem Vaterlande zu reisen verboten, und sie vom evangelischen Glauben abwendig zu machen gesucht habe, bis sie» uns nun dieses 1734ste Jahr den 29. Mai durch eine Hochlöbliche Religions Reformations Commission vorgetragen, wir sollten in das Fürstenthum Siebenbürgen reisen; « doch dessen hätten sie sich aus der Ursach vornehmlich geweigert, weil sie gefürchtet hätten, sie würden in Siebenbürgen von denen so mancherlei Sprachen und Glauben zugethanen Insassen noch gar vielmehr (als daheim in ihrem Vaterlande) verfolget werden, und, (so haben wir) unsere Obrigkeit und sonderlich die Religions Commission

Erster Anhang

man wird ihm gewißl. freyen Pass geben, daß er hin mag reisen, wo er hin will, mit seinem Weib, Kindern und Haabschaft: Selben Befehl seyn wir fleißig nachkommen und haben unsere Obrigkeit umb Pass gebetten, dieweilen wir uns nicht mehr getrauet zu läugnen, denn unser eigenes Gewißen hat uns überzeugt, daß wir so lange Zeit geheuchelt haben und unsern Glauben schon lang im Hertzen gehabt, und selben niemahlen öffentlich [...] zu bekennen getrauet, alß mit dieser guten Gelegenheit, absonderlich weilen Chistus Jesus spricht und ernstlich drohet, Marc. 8,38 [...] Röm. 10,10 [...], Hiob 8,13 [...] und haben also derowegen unsern Glauben [...] bekennet wie vor jedem Mann. [...]

Darnach haben sie uns auff einer Seit auß dem Land zu reisen verbothen [...] sie haben auch den höchsten Fleiß gebraucht, uns von unserm Evangelischen der Ausgburgischen Confession zugethanen Glauben abwendig zu machen [...]

so haben sie uns nun dieses 1734te Jahr den 29. May durch Ein Hochlöbl. Religions-Reformations-Commission etc. vorgetragen, wir sollen in das Fürstenthumb Siebenbürgen reisen, daß wir uns aber dahin zu reisen nicht verwilliget haben, ist das die Ursach, weilen sie uns in unserm Vaterland bloß wegen unsers Evangelischen Glaubens so hart verfolget haben, welche doch unser teutscher Nation sind, wie vielmehr würden wir in Siebenbürgen, von denen so mancherley Sprach- und Glaubens-Insaßen verfolget werden [...]. Wir haben auch unsere Obrigkeit [...]freundl. erbetten, [...] unser drei

Erster Anhang.

gebetten, sie wollen unser drei oder vier Männer für Ihro Kaiserl. Majestät reisen lassen, und Ew. Majest. ein Memorial überreichen, und haben jeder Zeit versprochen, so sie die Verabscheidung aus Ihro Kaiserl. Majestät hören würden, so wollten wir alle willig und gerne hinreisen, wo uns Ew. Kaiserl. Majestät immerhin schicken will; so haben sie uns selbes nicht verwilliget, und haben uns mit großer Gewalt bei 13 Mann in Band und Eisen gefangen genommen, und uns Alle mit Soldaten und Diener beim Haus gesucht und weggeführt, und haben die Schiff betreten müssen; und hiemit sey dieß unser Emigriren (auswandern) bloß aus der Ursach, daß wir uns frei und öffentlich zu der evangel. Augsburgischen Confession bekennet haben; denn es wird zweifelsohne jeden männiglich wohlwissend seyn, daß wir uns allezeit in unserm Vaterlande redlich und aufrichtig verhalten, in weltlichen und politischen Sachen, und wird unsere Obrigkeit und Meisterschaft uns selbst Zeugenschaft geben müssen, daß wir Euer Kaiserl. Majestät jederzeit treulich gearbeitet haben; haben auch der Obrigkeit den gebührenden Dienst und Steuer fleißig gereichet, denn uns wohlwissend, daß unser lieber Herr und Heiland spricht Matth. 22, 21. so gebet dem Kaiser, was des Kaisers ist und Gott, was Gottes ist, und Paulus spricht Römer 13, 2 wer sich nun wider die

Erster Anhang

oder vier Männer für Euer Kay. May. etc. etc. reisen [...] lassen und ihm ein Memorial zu überreichen, dann wann sie auß Seiner Kay. May. etc. etc. Eigenem Mund die Verbescheidung hören würden, so wollen wir alle willig und gern hinreisen, wo uns Euer Kay. May. etc. etc. immer hinschicken will, so haben sie uns selbes nicht verwilliget, [...], so haben sie uns mit großen Gewalt bey der Nacht mit Soldaten und Gerichts-Dienern bey 13 Mann in Band und Eisen von dem Hauß weggefürth, und hiermit seye dieses unser Emigrieren bloß auß dieser Ursach, daß wir uns frey öffentlich zu der Evangelischen Augsburgischen Confession [...] bekennet [...]. Es wird auch zweiffels ohn jedem und männigl. wohl wißend seyn, daß wir uns allezeit in unserm Vaterland redlich und auffrichtig verhalten, [...]. In weltlichen und politischen Sachen wird unsere Obrigkeit und Meisterschafft uns selbst Zeugenschafft geben müßen, daß wir Euer Röm. Kay. May. etc. etc. [...] jeder Zeit treulich gearbeitet haben, [...], haben auch der Obrigkeit den gebührenden Dienst und Steuer fleißig gereicht, [...], denn uns wohl wißend, daß unser lieber Herr und Heyland spricht Matth. 20,21: So gebet dem Kayser was des Kayser ist und Gott was Gottes ist, und St. Paulus spricht: Röm. 13,2: wer sich wider die Obrigkeit setzet, der widerstrebet Got-

Erster Anhang.

Obrigkeit setzet, der widerstrebet Gottes Ordnung. Es wird niemand uns beschuldigen können, daß wir uns der Obrigkeit widersetzet haben in weltlichen oder politischen Sachen, was aber den Glauben und die Religion anbelangt, müssen wir Gott mehr gehorchen, als den Menschen, wie geschrieben steht Ap. Gesch. 4, 19. Demnach haben wir uns mit unsern Weib und Kindern und mit unserm wenigen Vermögen zu Schiff begeben; wie wir nun zu Klosterneuburg angekommen seyn, so seyn (Regierungsrath Zelto und Kinder von Friedenberg) zu uns kommen von Euer Kaiserl. Majestät gesandt, und uns recht freundlich begrüßet und große Freud verkündiget, daß Sie von Ihro Kaiserl. Majestät als von unserm allergnädigsten Herren und Landesfürsten zu uns hergeschickt seyn, und uns sicherlich in Siebenbürgen, sammt unseren Weib und Kindern und unserer wenigen Habschaft geleitet haben; wir sind auch von Haus aus bis an den Ort mit Zehrung auf der Reise höchst gnädig begabt worden, die weiche es nothdürftig gewesen. Ernannte Commissarien haben uns auch freundlich angezeigt, daß Euer Kais. Majestät gegen uns Emigranten ganz mild freundlich und gnädig geneigt ist, und uns sowohl in unserem evangelischen, der Augsburgischen Confession zugethanen Glauben schützen, als in weltlichen und politischen Sachen sofern wir unserer landesfürstlichen Obrigkeit

Erster Anhang

tes Ordnung. Es wird niemand uns beschuldigen können, daß wir uns der Obrigkeit gesetzt haben in weltlichen oder politischen Sachen, was aber den Glauben oder die Religion angeblangt, müßen wir Gott mehr gehorchen alß den Menschen, wie geschrieben stehet Actos 4,19. Demnach haben wir uns mit unsern Weibern und Kindern, mit unserm wenigen Vermögen zu Schiff begeben, [...], wie wir nun zu Closter Neuburg ankommen, so seyn zu uns kommen von Euer Kay. May. etc. etc. [...] und uns höchst freundlich begrüst und uns große Freud verkündiget, daß Sie von Euer Kay. May. etc. als von unserm Allergnädigsten Herrn und Landesfürsten etc. etc. zu uns gesand seyn, und uns sicherlich in Siebenbürgen, sampt unsern Weibern und Kindern, auch unsre wenigen Haabschafft geleitet haben, und uns auch mit Zehrung auff der Reiß höchst gnädigst begabet, die so von Nöthen gehabt, haben uns auch freundlich angezeigt, daß Euer Röm. Kay. May. etc. etc. gegen uns Emigranten gantz mild, freundlich und Gnädig geneigt ist, und uns so wohl in unsere Evangelischen Lutheri Lehr und Augspurgischer Confession zugethanen Lehr schützen, alß in weltlichen und politischen Sachen, sofern wir unser Landes-Fürstlichen Obrigkeit mit Arbeit und fleißigen Diensten gehor-

Erster Anhang.

mit Arbeit und fleißigem Dienste gehorsam und unterthänig seyen. Auf solches Versprechen haben wir ihnen angelobet, allen schuldigen Gehorsam zu leisten, welches wir mit der Gnade Gottes fleißig halten wollen.«

»Ergehet demnach an Ew. Kaiserl. und Königl. Majestät unser unterthäniges Bitten und Anlangen, Sie wollen uns solches nicht vor Ungut aufnehmen, daß wir in Siebenbürgen zu reisen uns nicht alsogleich verwilliget haben; denn wir müssen mit Wahrheit bekennen, daß wir auf dieser Reise nach Siebenbürgen von Ew. Kaiserl. Majestät so große Wohlthaten empfangen, daß wir vor solche Gnad und Mildigkeit nicht genug Dank abstatten mögen (können); bitten demnach nochmahlen, Ew. Kaiserl. Majestät wolle Alles unserm Unverstand zumessen, und uns Alles verzeihen und vergeben, und in diesem Fürstenthum Siebenbürgen noch ferner hinführo unser allergnädigster Kaiser und Landesfürst seyn, und uns in seinen landesfürstlichen Schutz und Schirm befohlen seyn lassen; solche Wohlthaten wollen wir mit unserm Gebet zu Gott, dem Allmächtigen, für Ew. Röm. Kaiserl. Majestät jeder Zeit zu bitten beflissen seyn.«

Nun folgen mehrere Glückwünsche für das lange Leben des damals regierenden Kaisers Carl VI. und dann heißt es zuletzt: » Wir empfehlen uns Ew. Röm. Kaiserl. Königl. Majestät unterthänig gehorsamtlich geweste Salzkammerguts Arbeiter und Emigranten.«

Erster Anhang

sam und unterthänig seyn, auff solches gnädiges Versprechen haben wir Ihnen angelobt allen schuldigen Gehorsam zu leisten, welches wir mit der Gnad Gottes fleißig halten wollen.

Ergehet demnach an Euer Röm. Kay. Königl. Cathol. May. etc. etc. unser unterthänigstes [...] Bitten und Anlanggen, Sie wollen uns solches nicht für unguth auffnehmen, daß wir in Siebenbürgen zu reisen uns nicht verwilliget haben, denn wir müßen mit Wahrheit bekennen, daß wir auff dieser Reiß nach Siebenbürgen von Euer Röm. Kay. May. etc. etc. so große Wohltate empfangen, daß wir solche große Gnad und Mildigkeit mit genügsam Dank [...] abstatten mögen; Bitten demnach nochmahlen [...] Euer Rö. Kay. May. etc. etc. wolle alles unserm Unverstand zumeßen und uns alles verzeyhen und vergeben und in diesem seinem Fürstenthumb Siebenbürgen noch ferner hinführo unser Allergnädigster Kayser [...] und Landes-Fürst seyn, und uns in seinen Landes-Fürstlichen Schutz und Schirm befohlen seyn lassen; solche Wohltaten wollen wir mit unserm Gebeth gegen Gott den Allmächtigen für Euer Röm. Kay. May. etc. etc. jederzeit zu bitten befließen seyn, [...].

wobey wir uns Euer Röm. Kay. Königl. Cathol. May. etc. etc. durch das Lob Jesu Christi unterthänig gehorsamst empfehlen.

Euer Röm. Kay. May. unterthänigst gehorsamste geweste Saltz-Cammer Guts-Arbeiter, und nunmehrige Emigranten auß Oesterreich ob der Ens.

Erster Anhang.

4.

Die Urkunde, welche die den Emigranten zu Heltau vorgelegten Fragen und deren Beantwortung enthält, beginnt also:

J. N. J.

»Entwurf der Fragen, welche denen Oesterreichischen Emigranten Anno 1734 den 26. August in der Heltauer Kirche vorgetragen, und von Ihnen beantwortet worden.«

»Die Vorbereitung wurde genommen 1. Petri 3,15. Seyd allezeit bereit zur Verantwortung jedermann, der Grund fordert der Hoffnung, die in Euch ist. Nach erwogenen Haupt Umständen dieses Spruches, wurden die bewegende Ursachen vorgetragen, warum man sich genöthiget finde, eine Unterredung mit ihnen anzustellen; 1) wegen ihrer selbst, damit sie sich öffentlich erklären möchten, was sie glaubeten; 2) wegen ihrer Abgünstigen, die von ihnen vorgeben, daß sie in der

Erster Anhang

4.

Protokoll zur Glaubensprüfung der österreichischen Transmigranten am 26. August 1734 in der Stadtpfarrkirche von Heltau.[27]

In nomine Jesu

Entwurf der Fragen, welche denen Oesterreichischen Emigranten Anno 1734 den 26. August in der Heltauer Kirche vorgetragen, und von Ihnen beantwortet worden.

Die Vorbereitung wurde genommen 1. Petri 3, 15: Seid allezeit bereit zur Verantwortung jedermann, der Grund fordert der Hoffnung, die in Euch ist. Nach erwogenen Haupt Umständen dieses Spruches, wurden die bewegende Ursachen vorgetragen, warum man sich genöthiget finde, eine Unterredung mit ihnen anzustellen: 1) wegen ihrer selbst, damit sie sich öffentlich erklären möchten, was sie glaubeten; 2) wegen ihrer Abgünstigen, die von ihnen vorgeben, daß sie in der

Erster Anhang.

That keiner Religion zugethan und weder kalt noch warm seyen; 3) wegen des Ministerii (Geistlichkeit) allhier, das sich ihrer Aufrichtigkeit im Glauben versichert wissen müßte. Endlich 4) wegen der ganzen hiesigen Evangelischen Gemeine, bei welcher sie sich als Glaubens Genossen wollten geachtet wissen p. p. p.

Nachdem sie sich hierauf zu einem Examen willig und bereit zu seyn erkläret, wurden 74 Fragen an sie gestellet; unter andern nachfolgende:

Fr. An wen glaubet ihr?

Antw. An den dreyeinigen Gott, Vater, Sohn und heiliger Geist.

Fr. Wenn ihr an den dreyeinigen Gott glaubet, so werdet ihr ja auch dafür halten, daß er allein anzubeten sey.?

Antw. Ja und sonst Niemand.

Fr. Ist es denn eine Sünde, Jemand anders, einen Engel, einen Heiligen oder sonst etwas außer Gott, in leib und geistlichen Nöthen anzurufen?

Antw. Wohl, und zwar eine große Sünde, weil es wider Gottes Wort geschiehet.

Fr. Was glaubet ihr aber von Christo?

Antw. Daß er der eingeborne Sohn Gottes sey, der uns erlöset hat, welchen der Vater in die Welt ge-

Erster Anhang

That keiner Religion zugethan und weder kalt noch warm seien; 3) wegen des Ministerii (Geistlichkeit) allhier. Das sich ihrer Aufrichtigkeit im Glauben versichert wissen müste. Endlich 4) wegen der ganzen hiesigen Evangelischen Gemeinde, bei welcher sie sich als Glaubens Genossen wollten geachtet wissen p. p. p.

Nachdem sie sich hierauf zu einem Examen willig und bereit zu sein erkläret, wurden 74 Fragen an sie gestellet; unter anderen nachfolgende:

Fr.: An wen glaubet ihr?

Antw.: An den dreieinigen Gott, Vater, Sohn und heiligen Geist.

Fr.: Wenn ihr an den dreieinigen Gott glaubet, so werdet ihr ja auch dafür halten, daß er allein anzubeten sei?

Antw.: Ja und sonst Niemand.

Fr.: Ist es denn eine Sünde, Jemand anders, einen Engel, einen Heiligen oder sonst etwas außer Gott, in leib und geistlichen Nöthen anzurufen?

Antw.: Wohl, und zwar eine große Sünde, weil es wider Gottes Wort geschiehet.

Fr.: Was glaubet ihr aber von Christo?

Antw.: Daß er der eingeborne Sohn Gottes sei, der uns erlöset hat, welchen der Vater in die Welt

Erster Anhang.

ſandt, daß Alle, ſo an ihn glauben, nicht ſollen verloren werden, ſondern das ewige Leben haben.

Fr. Iſt dieſer einige Erlöſer auch wahrhaftiger Gott?

Antw. Ja, er iſt wahrer Gott, aber auch ein wahrhaftiger Menſch geboren.

Fr. Iſt denn außer dieſem einigen, kein anderer Erlöſer?

Antw. Nein, es iſt keiner mehr.

Fr. Wodurch wirket der heilige Geiſt den Glauben in uns?

Antw. Durch das Evangelium.

Fr. Wird aber der Glaube nothwendig erfordert, die Seligkeit zu erlangen?

Antw. Freilich, ohne Glauben kann man Gott nicht gefallen.

Fr. Wie? können wir denn durch unſre gute Werke nicht gerecht und ſelig werden?

Antw. Nein! denn aus Gnaden ſeyn wir ſelig worden.

Fr. So wir alſo durch den Glauben alleine gerecht und ſelig werden, ſo werden die guten Werke ganz und gar unnöthig ſeyn?

Antw. Die Seligkeit zu verdienen, ſind ſie unnöthig, ſonſt aber ſind ſie wohl nöthig.

Fr. Warum ſind ſie denn nöthig?

Erster Anhang

gesandt, daß Alle, so an ihn glauben, nicht sollen verloren werden, sondern das ewige Leben haben.

Fr.: Ist dieser einige Erlöser auch wahrhaftiger Gott?

Antw.: Ja, er ist wahrer Gott, aber auch ein wahrhaftiger Mensch geboren.

Fr.: Ist denn außer diesem einigen, kein anderer Erlöser?

Antw.: Nein, es ist keine mehr.

Fr.: Wodurch wirket der heilige Geist den Glauben in uns?

Antw.: Durch das Evangelium.

Fr.: Wird aber der Glaube nothwendig erfordert, die Seligkeit zu erlangen?

Antw.: Freilich, ohne Glauben kann man Gott nicht gefallen.

Fr.: Wie? Können wir denn durch unsre guten Werke nicht gerecht und selig werden?

Antw.: Nein! Denn aus Gnaden sein wir selig worden.

Fr.: So wir also durch den Glauben alleine gerecht und selig werden, so werden die guten Werke ganz und gar unnöthig sein?

Antw.: Die Seligkeit zu verdienen, sind sie unnöthig, sonst aber sind sie wohl nöthig.

Fr.: Warum sind sie denn nöthig?

Erster Anhang.

Antw. Weilen sie Gott befohlen hat, und der Glaube ohne gute Werke todt ist.

Fr. Was ist die heilige Schrift?

Antw. Gottes heiliges Wort.

Fr. Wie könnet ihr, gemeinen Leute, solches aus der heiligen Schrift wissen; sagt man doch, daß nicht alle Leute die heilige Schrift lesen sollten?

Antw. Alle Leute sollen sie lesen, denn Christus spricht zu allen: forschet in der heiligen Schrift.

Fr. Sollte aber wohl die heilige Schrift so klar und deutlich seyn, daß sie auch ein Laye verstehen kann.

Antw. Ja sie ist klar und deutlich.

Fr. Wie sagt man denn, daß Vieles in der heiligen Schrift schwer sey und nicht könne verstanden werden?

Antw. Das sind die großen Geheimnisse; sonst ist alles hell und klar, was uns zu unserer Seligkeit zu wissen von nöthen ist.

Fr. Was für Mittel gibt uns die heilige Schrift an die Hand, dadurch wir der Gnade Gottes und der Seligkeit mögen theilhaftig werden, sind das etwa die heiligen Sacramente?

Antw. Ja die heiligen Sacramente.!

Fr. Was ist ein Sacrament?

Erster Anhang

Antw.: Weilen sie Gott befohlen hat, und der Glaube ohne gute Werke tot ist.

Fr.: Was ist die heilige Schrift?

Antw.: Gottes heiliges Wort.

Fr.: Wie könnet ihr, gemeinen Leute. Solches aus der heiligen Schrift wissen; sagt man doch, daß nicht alle Leute die heilige Schrift lesen sollten?

Antw.: Alle Leute sollen sie lesen, denn Christus spricht zu allen: forschet in der heiligen Schrift.

Fr.: Sollte aber die heilige Schrift so klar und deutlich sein, daß sie auch ein Laye verstehen kann?

Antw.: Ja sie ist klar und deutlich.

Fr.: Wie sagt man denn, daß Vieles in der heiligen Schrift schwer sei und nicht könne verstanden werden?

Antw.: Das sind die großen Geheimnisse; sonst ist alles hell und klar, was uns zu unserer Seligkeit zu wissen von nöthen ist.

Fr. Was für Mittel gibt uns die heilige Schrift an die Hand, dadurch wir der Gnade Gottes und der Seligkeit mögen theilhaftig werden, sind das etwa die heiligen Sacramente?

Antw.: Ja die heiligen Sacramente!

Fr.: Was ist ein Sacrament?

Erster Anhang.

Antw. Es ist ein Mittel, dadurch Gott in uns den Glauben wirket und stärket.

Fr. Wie viel sind dieser heiligen Sacramente?

Antw. Die heilige Taufe und das heilige Abendmahl.

Fr. Sind denn außer diesen zweyen keine Sacramente mehr?

Antw. Es sind keine mehr, obschon in der katholischen Kirche 7 geglaubet werden.

Fr. Unter was für Gestalt hat der Herr Jesus Christus das Abendmahl eingesetzt?

Antw. Unter Brodt und Wein.

Fr. Wie lauten die Worte der Einsetzung.

Antw. Unser Herr Jesus Christus p. p.

Fr. So muß denn das heilige Abendmahl unter beiderley Gestalt ausgetheilet werden?

Antw. Freilich, sonst geschieht es wider die Ordnung Christi.

Fr. Wie muß man sich zu würdiger Genießung des heiligen Abendmahls vorbereiten?

Antw. Durch wahre Buße und Bekehrung.

Fr. Durch welche Mittel-Personen läßt uns Gott dieß alles wissen und hievon unterrichten.

Antw. Durch das heilige Predigtamt.

Erster Anhang

Antw.: Es ist ein Mittel, dadurch Gott in uns den Glauben wirket und stärket.

Fr.: Wie viel sind dieser heiligen Sacramente?

Antw. Die heilige Taufe und das heilige Abendmahl.

Fr.: Sind denn außer diesen zweien keine Sacramente mehr?

Antw.: Es sind keine mehr, obschon in der katholischen Kirche 7 geglaubet werden.

Fr.: Unter was für Gestalt hat der Herr Jesus Christus das Abendmahl eingesetzt?

Antw.: Unter Brodt und Wein.

Fr.: Wie lauten die Worte der Einsetzung?

Antw.: Unser Herr Jesus Christus p. p.

Fr.:So muß denn das heilige Abendmahl unter beiderlei Gestalt ausgetheilet werden?

Antw.: Freilich, sonst geschieht es wider die Ordnung Christi.

Fr.: Wie muß man sich zu würdiger Genießung des heiligen Abendmahls vorbereiten?

Antw.: Durch wahre Buße und Bekehrung.

Fr.: Durch welche Mittel-Personen läßt uns Gott dieß alles wissen und hievon unterrichten?

Antw. Durch das heilige Predigtamt.

Erster Anhang.

Fr. Wer beruft die Lehrer und Prediger zu diesem Amte?

Ant. Die christliche Kirche.

Fr. Wenn nun Gott durch die Lehrer uns solche große Gnade mittheilt, so wird man das Predigt=Amt für eine große Wohlthat achten müssen?

Antw. Freilich ist es eine große Wohlthat Gottes.

Fr. Könnet ihr in der evangelisch lutherischen Religion gewiß versichert seyn, daß ihr selig werdet?

Antw. Ja, daran zweifeln wir gar nicht, nach der Anweisung des Wortes Gottes.

Fr. Könnet ihr also mit gutem Gewissen und Bestand der Wahrheit sagen, daß ihr bei diesem Bekennt= niß der evangelisch lutherischen Religion nach Inhalt der ungeänderten Augsburgischen Confession beständ= dig zu verbleiben gedenket?

Antw. Ja, wir sagen noch einmal, wir wollen dabei leben und sterben.

"Hierauf (heißt es nun am Schluße dieser Urkun= de) wurden sie versichert, daß Gott ihr Gebet erhören würde, so es ernstlich und im Glauben geschehe; man ermahnte sie zu allen christlichen Tugenden, nach An= leitung der schon oben angezogenen Worte S. Petri, in seiner ersten Epistel Cap. 3, 8. 9. 10. 11. 12. inson=

Erster Anhang

Fr.: Wer beruft die Lehrer und Prediger zu diesem Amte?

Antw.: Die christliche Kirche.

Fr.: Wenn nun Gott durch die Lehrer uns solche große Gnade mittheilt, so wird man das Predigt-Amt für eine große Wohlthat achten müssen?

Antw.: Freilich ist es eine große Wohlthat Gottes.

Fr.: Könnet ihr in der evangelisch lutherischen Religion gewiß versichert sein, daß ihr selig werdet?

Antw.: Ja, daran zweifeln wir gar nicht, nach der Anweisung des Wortes Gottes.

Fr.: Könnet ihr also mit gutem Gewissen und Bestand der Wahrheit sagen, daß ihr bei diesem Bekenntniß der evangelisch lutherischen Religion nach Inhalt der unveränderten Augsburgischen Confession beständig zu verbleiben gedenket?

Antw.: Ja, wir sagen noch einmal, wir wollen dabei leben und sterben.

Hierauf (heißt es nun am Schluße dieser Urkunde) wurden sie versichert, daß Gott ihr Gebet erhören würde, so es ernstlich und im Glaube geschehe; man ermahnte sie zu allen christlichen Tugenden, nach Anleitung der schon oben angezogenen Worte S. Petri, in seiner ersten Epistel Cap. 3, 8.9.10.11.12 insonder-

Erster Anhang.

derheit zur Gedulb und Beständigkeit, ebendaselbst V. 13. 14. 15. 16. 17. 18. hiezu wurden auch weiter die Worte Petri 1. Ep. Cap. 5. V. 6. 7. 8. 9. beigefügt, mit dem redlichen Wunsch und Schluß (V. 10), daß sie der Gott aller Gnaden, der sie berufen hat zu seiner ewigen Herrlichkeit in Christo Jesu, vollbereiten, stärken, kräftigen und gründen wolle (V. 11.); demselben sei Ehre und Macht von Ewigkeit zu Ewigkeit. Amen. *)

---

*) Zu dieser Zeit war Jacob Schunn, der 1741 Superintendent wurde, Pfarrer zu Heltau; Stadtpfarrer in Hermannstadt, seit 1732, Martin Leonhard, und Pfarrer in Neppendorf Simon Hinzel. Superintendent zu Birthälm war Lucas Grafius.

Erster Anhang

heit zur Geduld und Beständigkeit, ebendaselbst V. 13. 14. 15. 16. 17. 18 hiezu auch weiter die Worte Petri 1. Ep. Cap. 5 V. 6.7.8.9. beigefügt, mit dem redlichen Wunsch und Schluß (V. 10), daß sie der Gott aller Gnaden, der sie berufen hat zu seiner ewigen Herrlichkeit in Christo Jesu, vollbereiten, stärken, kräftigen und gründen wolle (V. 11); demselben sei Ehre und Macht von Ewigkeit zu Ewigkeit. Amen.*

---

* Zu dieser Zeit war Jacob Schunn, der 1741 Superintendent wurde, Pfarrer zu Heltau; Stadtpfarrer in Hermannstadt, seit 1732, Martin Leonhard, und Pfarrer in Neppendorf Simon Hinzel. Superintendent zu Birthälm war Lucas Grafius.

Erster Anhang.

5.

Unter den mit der 2=ten und 3=ten Kolonie im Jahre 1735 angekommenen Emigranten, die sich in Neppendorf niedergelassen haben, kommen folgende vor:

Namen.	Mann.	Weib.	Söhne.	Töchter.	Zusammen.
1. Math. Hubner	1	—	1	1	3
2. Hans Lichtnika (Lichtnecker).	1	1	—	—	2
3. Tobias Lichtnika	1	1	—	1	3
4. Wolf Lichtnika	1	—	—	—	1
5. Hans Scheitz	1	1	2	—	4
6. Adam Kappel	1	1	—	—	2
7. Math. Carmen	1	—	2	1	4
8. Hans Huber	1	1	3	4	9
9. Tobias Beer	1	1	—	—	2
10. Hans Täubler	—	—	1	—	1
11. Thomas Lasara	1	—	—	1	2
12. Maria Neffin	—	1	2	2	5
Zusammen:	10	7	11	10	38

Erster Anhang

5.

Verzeichnis der Transmigranten des zweiten und dritten Transports von 1735, die sich in Neppendorf niedergelassen haben.[28]

Namen	Mann	Weib	Söhne	Töchter	Zusammen
1. Math. Hubner	1	-	1	1	3
2. Hans Lichtnika (Lichtnecker)	1	1	-	-	2
3. Tobias Lichtnika	1	1	-	1	3
4. Wolf Lichtnika	1	-	-	-	1
5. Hans Scheitz	1	1	2	-	4
6. Adam Kappel	1	1	-	-	2
7. Math. Carmen	1	-	2	1	4
8. Hans Huber	1	1	3	4	9
9. Tobias Beer	1	1	-	-	2
10. Hans Täubler	-	-	1	-	1
11. Thomas Lasara	1	-	-	1	2
12. Maria Neffin	-	1	2	2	5
Zusammen	10	7	11	10	38

Erster Anhang.

In Großau hatten sich von diesen beiden Colonien niedergelassen:

Namen.	Mann.	Weib.	Söhne.	Töchter.	Zusammen.
1. Hans Reißenauer	1	1	—	2	4
2. Georg Beer	1	1	—	3	5
3. Adam Lichtnika	1	1	2	3	7
4. Andre Scheitz	1	1	—	1	3
5. Georg Grieshofer	1	1	2	1	6
6. Thomas Lichtnika	1	—	1	1	3
7. Math. Riebler	1	—	—	1	2
8. Elias Stieger	1	1	2	2	6
9. Hans Stieger	—	1	1	2	4
10. Joseph Engel	1	1	—	—	2
11. Math. Ziegler	1	—	—	—	1
12. Simon Clamer	1	—	2	1	4
13. Sebastian Grabner	1	1	3	2	7
14. Maria Engleutnerin	—	1	3	2	6
15. Mathes Klakel	—	—	1	—	1
16. Eva Carmenin	—	1	—	—	1

Zusammen: | 12 | 11 | 17 | 21 | 61

Erster Anhang

In Großau hatten sich von diesen beiden Colonien niedergelassen:

Namen	Mann	Weib	Söhne	Töchter	Zusammen
1. Hans Reißenauer	1	1	-	2	4
2. Georg Beer	1	1	-	3	5
3. Adam Lichtnika	1	1	2	3	7
4. Andre Scheitz	1	1	-	1	3
5. Georg Grieshofer	1	1	2	1	5
6. Thomas Lichtnika	1	-	1	1	3
7. Math. Riedler	1	-	-	1	2
8. Elias Stieger	1	1	2	2	6
9. Hans Stieger	-	1	1	2	4
10. Joseph Engel	1	1	-	-	2
11. Math. Ziegler	1	-	-	-	1
12. Simon Clamer	1	-	2	1	4
13. Sebastian Grabner	1	1	3	2	7
14. Maria Engleutnerin	-	1	3	2	6
15. Mathes Klakel	-	-	1	-	1
16. Eva Carmenin	-	1	-	-	1
Zusammen	12	11	17	21	61

Zweiter Anhang.

Bericht aus der neuesten Zeit.

Von den jetzigen kirchlichen Verhältnissen der evangelischen Gemeinden im k. k. Salzkammergute berichtet Herr v. Vieth, königl. sächsischer General, Wien im December 1833, als Ergebniß angestellter Forschungen, während eines wiederhohlten längern Aufenthaltes in dasiger Gegend, der reinen Wahrheit treu im Allgemeinen Nachstehendes: »Sämmtliche Bewohner des Salzkammergutes sind sehr arm, den nothdürftigsten Unterhalt in dem Ertrage beschränkter Thal-Wiesen, in höchst beschwerlicher Alpenwirthschaft und in dem Lohne für mühevolle Arbeit in den k. k. Salzwerken findend. Die Zahl der Einwohner evangelischer Confession beläuft sich auf 3000 Seelen. Die Mehrzahl derselben wohnt in dem Dorfe Goisern und dessen Nachbar-Ortschaften, wie auch in Hallstadt und Obertraun. Diese Letztern sind von ihrer Hauptkirche und ihrem Seelensorger in Goisern durch den von hohen Felsmassen eingeengten Hallstädter See getrennt.

Zweiter Anhang

Bericht aus der neuesten Zeit

Über die kirchlichen Verhältnisse der evangelischen Gemeinden des k. k. Salzkammergutes in Oestreich ob der Enns, 2. Februar 1834.[29]

Von den jetzigen kirchlichen Verhältnissen der evangelischen Gemeinden im k. k. Salzkammergute berichtet Herr v. Vieth, königlich. sächsischer General, Wien im December 1833, als Ergebnis angestellter Forschungen, während eines wiederholten längeren Aufenthaltes in der Gegend, der reinen Wahrheit treu im Allgemeinen Nachstehendes:
[...]
Sämmtliche Bewohner des Salzkammergutes sind sehr arm, den nothdürftigsten0 Unterhalt allein in dem Ertrage beschränkter Thalwiesen, in höchst beschwerlicher Alpenwirthschaft und in dem Lohne für mühevolle Arbeit in den k. k. Salzwerken findend. Die Zahl der Einwohner evangelischer Confession beläuft sich über dreitausend Seelen. Die Mehrzahl dieser wohnt in dem Dorfe Goisern und dessen Nachbar-Ortschaften; auch in Hallstadt, Obertraun etc. Letzterwähnte Orte sind von ihrer Hauptkirche und ihrem Seelsorger – beide in Goisern – durch den von hohen Felsmassen eingeengten Hallstädter See getrennt.

Zweiter Anhang.

Die Verbindung ist allein mittelst der oft gefährlichen, oft gänzlich unterbrochenen Schiffahrt über den See, oder mittelst eines 3 bis 5 stündigen, ebenfalls sehr beschwerlichen Fußsteiges auf der einen Seite des Sees möglich; weßhalb bisweilen die Kranken ohne den Trost der Kirche bleiben, und in das Grab sinken müssen.«

» So steht es namentlich mit den armen evangelischen Einwohnern von Hallstadt sehr traurig, indem zwar im Orte ein Haus als Bethaus eingerichtet, und ein anderes für die Schule bestimmt ist; allein in dem erstern hält der Pfarrer von Goisern nur alle 4 Wochen einmal Gottesdienst, und in dem letztern wird auch selten Schule gehalten, indem der Schullehrer, zu gering bezahlt, um leben zu können, sich in Obertraun am östlichen Ufer des Sees, Hallstadt gegenüber, eine kleine Nahrung erheurathet hat, und von daher nun über den breitesten und gefährlichsten Theil des Sees sich überschiffen, oder den ebenfalls gefährlichen, stundenlangen Fußsteig um den See herum klettern muß, wenn er zum Schulhalten nach Hallstadt kommt, wodurch denn der Schulunterricht gar oft versäumet oder doch vernachläßiget wird, und die Einwohner sind durchaus außer Stande einen eignen Schullehrer zu unterhalten. Da nun außerdem durch Abnahme der öffentlichen Arbeiten auch die häusliche

Zweiter Anhang

Die Verbindung ist allein mittelst der oft gefährlichen, oft gänzlich unterbrochenen Schifffahrt über die See, oder eines bis Hallstadt drei- und bis Obertraun fünfstündigen, ebenfalls sehr gefährlichen, von Stein- und Schneefällen bedrohten Fußsteiges auf der südwestlichen Seite des Sees möglich; [...] weßhalb bisweilen Kranke ohne den Trost der Kirche bleiben und in das Grab sinken müssen.[...]

Im Orte ist ein kleines Haus als Bethaus eingerichtet, in welchem der Pfarrer von Goisern on vier Wochen einmal Gottesdienst hält; ein anderes Haus ist für die Schule bestimmt; der Schullehrer aber, zu gering gezahlt, um leben zu können, hat in Obertraun, am östlichen Ufer des Sees, Hallstadt gegenüber gelegen, eine kleine Nahrung erheirathet, wohnt und hält daselbst auch Schule und ist genöthigt, sich täglich über den breitesten und gefährlichsten Theil des Sees selbst überzuschiffen, oder den oft ebenfalls gefährlichen stundenlangen Fußsteig um den See herum zu klettern, will er seiner Pflicht auch in Hallstadt genügen, wodurch der Schulunterricht oft versäumt, oder doch vernachlässigt werden muß, und die Einwohner sind durchaus außer Stande, einen eignen Schullehrer zu unterhalten. Die durch Abnahme der öffentlichen Arbeiten zunehmende häusliche Noth erhöht

— 56 —

Zweiter Anhang.

Noth immer mehr zunimmt, so sehnen sich diese armen Leute je mehr und mehr, Trost am Altare des Herrn zu finden, und der sich immer mehrenden Jugend eine gottesfürchtige Bildung, als Schutz und Trutz = Waffe gegen die Gefahren der Noth und der Zeit zu verleihen, und nicht leicht wird irgendwo mehr religiöser Sinn zu finden seyn, als bei sämmtlichen Einwohnern dieser Gegend.»

(Welch ein Wink für die so viel glücklichern Abkömmlinge aus jenen Gegenden im neuen Vaterlande.)

»Den armen, bedrängten frommen Gemeinden evangel. Confession ist, da das christlich duldende, seit 50 Jahren bestehende Toleranz=Edickt unter der ächt väterlichen Regierung des Kaisers in Kraft und Wirkung erhalten wird, nur allein durch Geld zu helfen. Da nun aber der Religionsfond in der k. k. Monarchie nur aus Beiträgen der Katholischen bestehen mag, und das Landes Gesetz die Verwendung dieses Fonds nur zum Beßten der römisch katholischen kirchlichen Angelegenheiten gestatten kann; so bleibt den oberöstreichischen armen Gemeinen evangelischer Confession nur Hülfe in der Unterstützung von Seiten ihrer glücklicheren Glaubensgenossen, und zwar zur Bildung eines Fonds, der sie in den Stand setzt, besonders für Hallstadt und Obertraun besondere Schulen einrichten, und

Zweiter Anhang.

bei den armen Einwohnern das Streben, Trost am Altare des Herrn zu finden, und der sich immer mehrenden Jugend eine gottesfürchtige Bildung, als Schutz- und Trutzwaffe gegen die Gefahren der Noth und der Zeit, zu verleihen, und nicht leicht wird irgendwo mehr religiöser Sinn zu finden sein, als bei sämmtlichen Einwohnern dieser Gegend.

(Welch ein Wink für die so viel glücklichern Abkömmlinge aus jenen Gegenden im neuen Vaterlande.)

Den armen, bedrängten, frommen Gemeinden evangelischer Confession ist, da das christlich duldende, seit 50 Jahren bestehende Toleranzedict unter der echt väterlichen Regierung des Kaisers in Kraft und Wirkung erhalten wird, nur allein durch Geld zu helfen; da nun aber der Religionsfond in der k. k. Monarchie nur aus Beiträgen der Katholischen bestehen mag, und das Landesgesetz die Verwendung dieses Fonds nur zum Beßten der römisch-katholisch kirchlichen Angelegenheiten gestatten kann: so bleibt den Gemeinden evangelischer Confession nur Hülfe in der Unterstützung ihrer in- und ausländischen Glaubensgenossen, und zwar zu Bildung eines Fonds, der sie in den Stand setzt, für Hallstadt und Obertraun besondere Schulen einrichten

Zweiter Anhang.

an beiden Orten tüchtige Schullehrer anstellen, diese aber, so wie die Seelensorger, ihrer Lage und Wirksamkeit angemessen, unterstützen zu können. » *)

» Eine andre evangelische Gemeinde in der Nähe des Salzkammergutes wohnt in dem nördlichen Ufer des Attersees, mehrere Meilen von einander zerstreut bis nach Zell hinauf am Zellersee, und befindet sich hinsichtlich der kirchlichen Verhältnisse gegenwärtig gleichfalls in einer ungünstigen Lage. Als dieser Theil des Landes zu Bayern gehörte, hatte die bayrische Regierung eine in dem ausschließlich von Katholiken bewohnten Wallfahrtsorte Attersee gelegene kleine, längst nicht mehr gebrauchte Kirche der evangelischen Gemein-

---

*) In Hinsicht der Evangelischen in den nachbenannten östreichischen Provinzen überhaupt ist durch die Wienerzeitung, Wien den 1. August 1835 Folgendes bekannt gemacht worden: » Seiner Durchlaucht Otto Victor Fürst von Schönburg zu Waldenburg hat die zur Unterstützung einiger karg dotirten Schullehrer Augsb. Confession in den kais. österreichischen Provinzen: Nieder- und Oberöstreich, Böhmen, Mähren, Schlesien, Steyermark und Illyrien gegründete Stiftung durch eine erneuerte Gabe erweitert, und Se. Majestät Kaiser Ferdinand I. haben diese Stiftung allergnädigst zu bestättigen, und den Stiftbrief selbst unter Allerhöchsteigner Unterzeichnung ausfertigen zu lassen geruhet."

Zweiter Anhang

und an beiden Orten tüchtige Schullehrer anstellen, diese aber, sowie die Seelensorger, ihrer Lage und ihres Wirkens angemessen unterstützen zu können.*

Eine andre evangelische Gemeinde in der Nähe des Salzkammergutes wohnt in dem nordöstlichen Ufer des Attersees mehrere Meilen von einander zerstreut bis nach Zell hinauf am Zellersee, und befindet sich hinsichtlich der kirchlichen Verhältnisse gegenwärtig in einer fast noch drückenderen Lage. Früher hatte das königl. baier. Gouvernement eine in dem ausschließlich von Katholiken bewohnten Wallfahrtsorte Attersee gelegene kleine, längst nicht mehr gebrauchte Kirche der evangelischen Ge-

---
* In Hinsicht der Evangelischen in den nachbenannten österreichischen Provinzen überhaupt ist durch die Wiener Zeitung, Wien den 1. August 1835, Folgendes bekannt gemacht worden: »Seiner Durchlaucht Otto Victor Fürst von Schönburg zu Waldenburg hat die zur Unterstützung einiger karg dotierten Schullehrer Augsb. Confession in den kais. Österreichischen Provinzen: Nieder- und Oberösterreich, Böhmen, Mähren, Schlesien, Steyermark und Jllyrien gegründete Stiftung durch eine erneuerte Gabe erweitert, und Se. Majestät Kaiser Ferdinand I. haben diese Stiftung allergnädigst zu bestättigen, und den Stiftbrief selbst unter Allerhöchsteigener Unterzeichnung ausfertigen zu lassen geruhet.«

Zweiter Anhang.

de jener Gegend zum Behufe ihres Gottesdienstes geschenkt, indem das Dorf Attersee gerade im Mittelpunkt der weit zerstreuten Gemeinde liegt, welche auch nach der Wiederbesitznahme Oestreichs von dieser Gegend dieser Gemeinde überlassen, und ihr erlaubt wurde, einen evangelischen Pfarrer zu wählen und zu berufen, ihn aber auch, so wie den Schullehrer, wie ja das auch sonst geschieht, aus eignen Mitteln zu besolden.»

» Die Gemeinde besteht höchstens aus 400 Seelen und ist sehr arm, so daß sie nur mit ungeheurer, allein durch den herrschenden religiösen Eifer erklärbaren Anstrengung ihrem Pfarrer eine leidliche Besoldung wie auch dem Schullehrer einen verhältnißmäßig geringern Gehalt bewilligen konnte. Dennoch ist die arme Gemeinde so glücklich gewesen, in dem M. Overbeck, einen jungen, feurigen aber höchst würdigen Seelsorger zu erhalten. Nur was die Pfarrwohnung daselbst anbelangt, ist zwar ein Haus daselbst angekauft, aber noch nicht ganz bezahlt, daher streitig gemacht, und der Pfarrer nach Zell angewiesen worden, was jedoch nicht so geeignet ist, und daher die arme Gemeinde Unterstützung bedarf, darum vornehmlich, daß, wo die Kirche ist, auch die Pfarrwohnung sey.» Am Schluße dieses Berichtes heißt es:

» Die rührend ruhige, durch keine Noth und kei=

Zweiter Anhang

meinde der Gegend zum Behufe ihres Gottesdienstes als Eigenthum geschenkt, indem das Dorf Attersee gerade im Mittelpunkt der weit zerstreuten Gemeinde liegt; späte auch das k. k. östreichische Gouvernement nach Wiederbesitznahme dieses Theils von Oberöstreich die erwähnte Kirche der evangelischen Gemeinde ferner für ihren Gottesdienst überlassen, und derselben erlaubt, einen evangelischen Pastor zu wählen und zu berufen, ihn aber auch, sowie den Schullehrer – da kein Fond zu deren Besoldung vorhanden - aus eigenen Mitteln zu salariren.

Die Gemeinde besteht höchstens aus vierhundert Seelen, und ist so arm, daß sie nur mit ungeheuerer, allein durch den herrschenden religiösen Eifer erklärbaren Anstrengung ihrem Pfarrer jährlich 250 fl. C. M., und dem Schullehrer einen im Verhältnisse geringen Gehalt bewilligen konnte; dennoch ist die arme Gemeinde so glücklich gewesen, in dem M. Overbeck einen jungen, feurigen, aber höchst würdigen Seelsorger zu erhalten. Nur was die Pfarrwohnung daselbst anbelanget, ist zwar ein Haus daselbst angekauft, aber noch nicht ganz bezahlt, daher streitig gemacht, und der Pfarrer nach Zell angewiesen worden, was jedoch nicht so geeignet ist, und daher die arme Gemeinde Unterstützung Bedarf, darum vornehmlich, daß, wo die Kirche ist, auch die Pfarrwohnung sey.[...]

Die rührend ruhige, durch keine Noth, durch kei-

Zweiter Anhang.

nen Druck der Umstände zu erschütternde Treue und Anhänglichkeit an ihren Glauben sowohl, als an den kindlich heißgeliebten Monarchen und Landesvater, wie auch an die bestehende Ordnung der Dinge; der tiefe religiöse Sinn der Einwohner und der fromme Eifer ihrer geistlichen Hirten verdient die innigste Theilnahme und thätige Beihülfe von Seiten der glücklichern Glaubensgenossen und Menschenfreunde zur Aufrechthaltung des Glaubens als der sichersten Grundlage und Stütze der häuslichen und öffentlichen Wohlfahrt. Was zur Unterstützung dieser hülfebedürftigen und achtungswerthen Glaubensgenossen irgendwo eingeht, ist an den k. k. privilegirten Großhändler Herrn Stephan v. Medgyassai in Wien zu senden, welcher aus frommen Eifer die Verpflichtung übernommen hat, die an ihn eingeschickten Gelder zu gleichen Theilen an die Pfarrherren M. Wehrpfennig in Goisern und M. Overbeck zu Attersee sicher zu befördern.»

»Wien im December 1833.

H. v. Vieth
königl. sächs. General.»

Zweiter Anhang

nen Druck der Umstände zu erschütternde Treue und Anhänglichkeit an ihren Glauben sowohl, als an den kindlich heiß geliebten Monarchen und an die bestehende Ordnung der Dinge; der tiefe religiöse Sinn der dortigen Einwohner und der fromme Eifer ihrer geistlichen Hirten [...] erregen die [...] innigste Theilnahme und werden den Enduntherzeichnenden rechtfertigen [...] die Glaubensgenossen um milde Beisteuern [...] zu Aufrechterhaltung und Unterstützung des Glaubens unter den Brüdern an den genannten Orten dringend bittet.

Die edlen, großmüthigen Sammler der Gaben christlicher Liebe werden ganz ergebenst ersucht, die eingegangenen Summen an den k.k. privilegierten Großhändler, Herrn Stephan v. Medgyassai in Wien [...] zu senden, welcher aus edlem Triebe und frommem Eifer die Verpflichtung günstig übernommen hat, die an ihn eingesetzten Summen zu gleichen Theilen an die Pfarrherren M. Wehrpfennig in Goisern und M. Overbeck zu Attersee zu befördern.

Wien, im Dezember 1833

H. v. Vieth
Königl. Sächs. General a.D.

Endnoten

[1] Die entsprechende Stelle der Genesis lautet korrekt: »Gehe aus deinem Vaterlande und von deiner Verwandtschaft und aus deines Vaters Hause in ein Land, das ich dir zeigen will.«

[2] Zum Wortlaut der Schutzschrift vgl. Karl Kuzmány: Praktische Theologie der evangelischen Kirche Augsb. und Helvet. Confession. Bd. 1: Lehrbuch des Kirchenrechtes mit einer Einleitung in die praktische Theologie der evangelischen Kirche. Zweite Abtheilung: Urkundenbuch zum oesterreichisch-evangelischen Kirchenrecht. Wien 1856, S. 4f.

[3] Falsche Schreibweise im Original.

[4] Johannes Riedinger: Anima Reformata. Das ist Erleuchtung= und Revocations=Predigt. Leipzig 1654, S. 57f. Bei den von Ettinger zitierten Stellen handelt es sich um Auszüge aus Riedingers Predigt, die vom Original abweichen.

[5] Zu den beiden Gesuchen vom 8. Oktober 1727 und 29. Oktober 1728 vgl. Eberhard Christian Wilhelm von Schauroth: Vollständige Sammlung Aller Conclusorum, Schreiben Und anderer übrigen Verhandlungen Des Hochpreißlichen Corpus Evangelicorum Von Anfang Des jetzt fürwährenden Hochansehnlichen Reichs=Convents Bis auf die gegenwärtige Zei-

ten Nach Ordnung der Materien zusammen getragen und heraus gegeben. Band 1, Regensburg 1751, Nr. V, S. 305f: Pro Memoria an die Oesterreichische Gesandtschafft. Wegen Verabfolgung verschiedener Emigranten so wohl zurück gehaltener Kinder, als deren hinterlassenen Erbtheils und Vermögens und Nr. VI: Pro Memoria an die österreichische Gesandtschaft zerschiedene in dem Österreichischen die Religion halber gravirte betreffend.

[6] Ebd. Nr. VIII, S. 308f: Allerunterthänigstes Inserat zu dem Schreiben an Jhro Kayserl. Majest. dd. 30. Dec. 1730. Fernere Intercession vor Oesterreichische und Bärenthaler Emigranten enthaltende.

[7] Ebd. Nr. IX, S. 309-311: Intercessions-Schreiben an Jhro Römisch=Kayserl. Majestät vom Corpore Evangelicorum sub dato 4. Julii 1733. Vor die Oesterreichische Emigranten allerunterthänigst abgelassen.

[8] Vgl. dazu Anton Faber: Europäischer Staats=Cantzley. Fünff=und Sechtzigster Theil. o. O. 1735, Cap. III, Nr. III, S. 85-93: Höchst=flehentliches Memoriale an die Hochlöbliche Kayserl. Religions Reformations-Commission, von denen sämtl. Emigranten und Saltz=Cammer=Guths Arbeitern Lands ob der Enß, um ihnen ohngekränckt zuverstattendes Evanglisches Religions Exercitium, oder Abzugs=Freyheit mense Julio 1733 unterthänigst übergeben.

[9] Ebd., Cap. III, Nr. IV, S. 93-109: An Ihro Excellenzien, Eines Hochlöblichen Reichs=raths alle Abgesandte des gantzen Evangelischen Corpus in der Heil. Röm. Reichs Stadt Regenspurg Unser der sämtlichen Emigranten Landes Oesterreich ob der Ens, unterthä-

nigstes gehorsames Bitten und Anlangen, um gnädige Bewilligung Evangelischer Kirchen und Prediger in unsern lieben Vatterland oder an einen Evangelischen Ort zu ziehen, und uns allenthalben in Religions-Sachen behülfflich zu seyn, betreffend. Mense Junio 1734 abgelassen.

[10] Ebd., S. 108. Der Text weicht vom Original ab.

[11] Ebd., Cap. III, Nr. VI, S. 115-119. Der von Ettinger zitierte Text weicht vom Original ab.

[12] Ebd.

[13] Ebd., Cap. III, Nr. VII. S. 119-126.

[14] Johann Kinder von Friedenberg: Über die denen Emigranten in Klosterneuburg vorgetragenen Emigrationsbedingnissen. Staatsarchiv Hermannstadt, Mag. 35/1734, Bl. 1f.

[15] Staatsarchiv Hermannstadt, Mag. 35/1734, Bl. 510.

[16] Ebd.

[17] Ebd., Bl. 513.

[18] Johann Arndt: Paradiesgärtlein voller christlicher Tugenden, wie solche zur Übung des wahren Christentums durch andächtige, lehrhafte und trostreiche Gebete in die Seele zu pflanzen. Magdeburg 1612.

[19] Staatsarchiv Hermannstadt, Fascicularakten, P II 44, Bl. 3f. Der vollständige Brief bei Irmgard Sedler: Die Landler in Siebenbürgen. Gruppenidentität im Spiegel der Kleidung von der Mitte des 18. bis zum Ende des 20. Jahrhunderts. Marburg 2004, S. 228f.

[20] Ebd., Bl. 5-6r. Der vollständige Brief bei Sedler: Die Landler in Siebenbürgen, S. 230f.

[21] Staatsarchiv Hermannstadt, Mag. 38/1734. Cap. Sib 455. Dabei handelt es sich lediglich um ein Fragment des Fragenkatalogs. Das vollständige Original des erstmals von Ettinger veröffentlichten Dokuments konnte in den einschlägigen Archiven nicht ermittelt werden.

[22] Eberhard Christian Wilhelm von Schauroth: Vollständige Sammlung Aller Conclusorum, Schreiben Und anderer übrigen Verhandlungen Des Hochpreißlichen Corpus Evangelicorum Von Anfang Des jetzt fürwährenden Hochansehnlichen Reichs=Convents Bis auf die gegenwärtige Zeiten Nach Ordnung der Materien zusammen getragen und heraus gegeben. Regensburg 1751, Bd. 1, S. 309-311.

[23] Staatsarchiv Hermannstadt, Fascicularakten, P II 36, Bl. 2-4. Ausführliche und teilweise abweichende tabellarische Transmigrantenlisten finden sich bei Erich Buchinger: Die »Landler« in Siebenbürgen. Vorgeschichte, Durchführung und Ergebnis einer Zwangsumsiedlung im 18. Jahrhundert. München 1980, S. 102-107.

[24] Die Tabelle ist bezogen auf die Gesamtzahl der Söhne und damit auch auf die Summe der Transmigranten dieses Transports, die 67 beträgt, insgesamt fehlerhaft.

[25] Die Tabelle Ettingers ist fehlerhaft. Legt man seine Zahlen zugrunde, so betrug die Zahl der Transmigranten des ersten und zweiten Transports 261.

[26] Staatsarchiv Hermannstadt, Faszikularakten P 152, Bl. 1-3. Vgl. zum Originaltext Sedler, Die Landler in Siebenbürgen, S. 233-235.

[27] Staatsarchiv Hermannstadt, Mag. 38/1734. Cap. Sib. 455. Dabei handelt es sich lediglich um ein Fragment des Fragenkatalogs. Das vollständige Original des erstmals von Ettinger veröffentlichten Dokuments konnte in keinem der einschlägigen Archive ermittelt werden.

[28] Diese von Ettinger erstellte Aufstellung fußt auf mehreren Quellen aus dem Staatsarchiv Hermannstadt. Vgl. dazu Liliana Popa: Urkunden im Hermannstädter Staatsarchiv zur Transmigration österreichischer Protestanten nach Siebenbürgen 1734-1737. In: Martin Bottesch, Franz Grieshofer, Wilfried Schabus (Hgg.): Die Siebenbürgischen Landler. Eine Spurensicherung. Wien, Köln, Weimar 2002, Bd. 1, S. 90f. Die Zahlen weichen teilweise von denen ab, die Buchinger, Die »Landler«, S. 119f., liefert.

[29] H[einrich] von Vieth: Über die kirchlichen Verhältnisse der evangelischen Gemeinden des k. k. Salzkammergutes in Österreich ob der Enns. In: Kirchen=Zeitung. Ein Archiv für die neueste Geschichte und Statistik der christlichen Kirche nebst einer kirchenhistorischen und kirchenrechtlichen Urkundensammlung. Hrsg. von Ernst Zimmermann, Karl Gottlieb Bretschneider und Georg Zimmermann. Darmstadt 13. Jg. 1834, Bd. 1, Nr. 19, 2. Februar, Sp. 153-157.

Joseph Ettinger – Urvater der Landlerforschung wider Willen

von Mathias Beer

»Landler« – ein historischer Abriss

Der Sammelbegriff *Landler* hat sich im Laufe der Zeit als Fremd- und Selbstbezeichnung für die Nachkommen von rund 4000 nach Siebenbürgen, heute Rumänien, deportierten österreichischen Krypto- oder Untergrundprotestanten herausgebildet.[1] Sie wurden im 18. Jahrhundert in drei Schüben aus Kernländern der Habsburgermonarchie vorwiegend in die westlich von Hermannstadt (Sibiu) gelegenen Hauptansiedlungsorte Neppendorf (Turnișor), Großau (Cristian) und Großpold (Apoldu de Sus) »transmigriert«.

Der zeitgenössische Begriff *transmigrieren* weist auf einen Sonderfall der religiös motivierten Zwangsmigrationen in der Frühen Neuzeit hin. Er vereinigte Deportation – unter Umgehung der im Westfälischen Frieden von 1648 festgelegten Glaubens- und Auswanderungsfreiheit – und Kolonisation in sich. Das vom katholischen Wiener Hof unter Kaiser Karl VI. (1711-1740) eingeführ-

---

[1] Der geraffte historische Überblick über die Geschichte der Siebenbürgischen Landler stützt sich auf die im Literaturverzeichnis angeführte Forschungsliteratur.

te und unter Kaiserin Maria Theresia (1740-1780) ausgebaute Umsiedlungssystem verband religions- und bevölkerungspolitische Überlegungen: Die Säuberung der österreichischen Kernländer von »lutherischen Irrgläubigen« durch Zwangsumsiedlung mit der Gewährung von Glaubensfreiheit und der wirtschaftlichen Überlegungen folgenden gezielten Ansiedlung.

Die Zuwanderer entwickelten trotz verschiedener regionaler Herkunft und wider Erwarten des Wiener Hofes im Ansiedlungsgebiet eine Gruppenidentität. Sie fand ihren Ausdruck neben anderen Merkmalen im Bedeutungswandel des Begriffs *Landler*. Im 18. Jahrhundert als Herkunftsbezeichnung für einen Teil der von der Deportation nach Siebenbürgen Betroffenen, setzte sich *Landler* erst im Laufe des 19. Jahrhunderts nach und nach als Gruppenname für alle Transmigranten unabhängig von ihrer regionalen Herkunft durch. Aus Transmigranten wurden in Siebenbürgen im Laufe eines langen und hürdenreichen Eingliederungsprozesses Landler.

Die Deportationen – zunächst eine begrenzte Zahl von »Rädelsführern« und deren Familien – setzten in der Regierungszeit Kaiser Karl VI. im Frühsommer des Jahres 1734 im Salzkammergut ein. Äußerst kurzfristig über das Ziel informiert, wurden die ersten Transmigranten in Linz eingeschifft. Unter militärischer Begleitung erreichten sie auf der Donau über Klosterneuburg und Ofen (Buda) den Hafen Titel an der Theiß-Mündung. Von dort ging die Reise weiter nach Temeswar (Timişoara), dann auf dem Landweg über Deva und Mühlbach (Sebeş) nach Großau (Cristian), wo sie am 20. August 1734 eintrafen. Von dort wurden sie umgehend nach Heltau (Cisnădie) weitergeleitet und nach dem dortigen Zwischenaufenthalt schließlich am 19. September nach Neppendorf eingewiesen. Der ursprüngliche Plan, diese ersten Transmigranten in der Gemeinde Salzburg (Ocna Sibiului) anzusiedeln, war schnell wieder aufgegeben worden. Weil sich die erhoffte abschreckende Wirkung auf die protestantische Bevölkerung in den Erbländern nicht einstellte, weitete der Wiener Hof die Deportationen in der Folgezeit aus.

In der ersten Phase waren davon in den Jahren 1734 bis 1737 rund 800 Personen betroffen. Die Transmigranten stammten vorwiegend aus dem Salzkammergut (Pfarreien Goisern, Hallstatt, Ischl, Gosau) und aus Kärnten, hier insbesondere aus der Herrschaft Paternion. Im Unterschied zu den Deportierten aus dem Salzkammergut wurden bei den Kärntnern die Familien getrennt und die Kinder zurückgehalten, um sie zum katholischen Glauben »zurückzuführen« – »Kinder-Abpractizierung«, wie es in der damaligen Beamtensprache heißt. Darüber hinaus weisen ihre Ansiedlungsorte in Siebenbürgen eine breite Streuung auf. Hinzu kommt eine deutlich höhere Mortalitätsrate als die ohnehin schon überdurchschnittlichen Sterbeziffern unter den Transmigranten in der ersten Zeit nach der Ansiedlung.

Die zweite und maßgebliche Phase der Deportationen setzte in der Regierungszeit von Kaiserin Maria Theresia ein. Diese Deportationen betrafen in den Jahren 1752 bis 1758 über 3000 Personen und wiesen auch auf Grund des höheren Organisationsgrades des entwickelten Transmigrationssystems betont repressive Züge auf. Entsprechend schwerwiegend waren die Folgen für die Deportierten. Die Transmigranten dieser Phase stammten aus dem Land ob der Enns sowie in geringerer Zahl aus der Steiermark und Kärnten. Bis auf eine überschaubare Zahl von Steiermärkern, die in den in Ungarn gelegenen Gemeinden Iklad und Keresztúr angesiedelt wurden, war das Ziel aller Transporte Siebenbürgen. Hauptansiedlungsorte waren hier die Gemeinden Großau und Großpold, letzterer mit einem verhältnismäßig hohen Anteil an Kärntnern.

Die dritte und letzte Phase der Transmigrationen fand in den Jahren 1773 bis 1776 statt. Rund 200 Protestanten deportierte man aus Stadl in der Steiermark. Kurze Zeit nachdem der letzte Transport nach Siebenbürgen abgegangen war, verfügte Kaiser Joseph II. (1765-1790) das Ende der Deportationen. Das Toleranzpatent von 1781 brachte die allgemeine Religionsfreiheit in den österreichischen Erbländern. Doch die Transmigranten waren davon ausgenommen. Eine Rückkehr in die Herkunftsgebiete, was viele angestrebt und einige versucht hatten, blieb ihnen verboten: »Rückkehr unerwünscht«.

Aus Sicht des Wiener Hofes sprachen mehrere Gründe für eine Deportation der Protestanten und ihre Ansiedlung in Siebenbürgen. Anders als die 1731/32 aus dem Fürsterzbistum Salzburg ausgewiesenen, größtenteils von Preußen aufgenommenen vertriebenen Protestanten wurden die Transmigranten nicht aus dem Land, also über die Grenzen der Monarchie, hinausgewiesen. Ganz bewusst wählte der Wiener Hof mit Siebenbürgen eine Region innerhalb der Grenzen der Monarchie, die einerseits weit genug vom Zentrum entfernt und in der andererseits die von den Protestanten geforderte Glaubensfreiheit gegeben war. Die dort seit der mittelalterlichen Ostkolonisation siedelnden Siebenbürger Sachsen waren als eine der anerkannten drei Ständenationen des Fürstentums mit der Einführung der Reformation in der ersten Hälfte des 16. Jahrhunderts geschlossen protestantisch geworden. Zudem bestanden wirtschaftliche Interessen seitens des Wiener Hofes. Durch die Zufuhr neuer Arbeitskräfte in Gestalt der in den Erbländern unerwünschten Protestanten sollte ein Beitrag dazu geleistet werden, das durch Kriege, Aufstände und Seuchen heimgesuchte Siebenbürgen zu stabilisieren. Schließlich erhoffte man sich durch die Maßnahme, aus Deportierten für den Staat nützliche Steuerzahler zu machen.

Unter diesen Voraussetzungen und weil Siebenbürger Sachsen und Transmigranten »teutscher Nation und ihres Glaubens Genossen seiyendt«, rechnete man in Wien mit einer schnellen Assimilation, einer zügigen Einschmelzung in die siebenbürgisch-sächsischen Dörfer und damit dem angestrebten dauerhaften Verbleib der Neuankömmlinge in Siebenbürgen. Dazu diente auch ein eigens ins Leben gerufenes Transmigranten-Inspektorat mit Sitz in Hermannstadt. Diese Verwaltungsstelle sollte den Ansiedlungsprozess beschleunigen und die Deportation unumkehrbar machen, endete aber in einem Fiasko.

Die angenommenen assimilationsfördernden Faktoren erwiesen sich jedoch nicht nur in der Anfangszeit als viel zu wirkungsarm. Sie wurden vom Bild der Irrgläubigen, Ketzer und Aufwiegler überlagert, welches durch die vom Wiener Hof betriebene Diskriminierung in den Herkunftsgebieten der Transmigranten im Ansiedlungsgebiet entstand war.

Das war einer der Gründe, weshalb die Transmigranten des ersten Schubs nach ihrer Ankunft bei ihrer Zwischenstation in Heltau von der siebenbürgisch-sächsischen Kirchenleitung einer eingehenden, mit Bravour bestandenen Religionsprüfung unterzogen wurden. Offenbar zweifelte man an ihrem Glaubensbekenntnis.

Die damit verbundene Skepsis trug zusätzlich zur anfänglichen Ablehnung der Neuankömmlinge durch die siebenbürgisch-sächsischen Behörden und die Bevölkerung der siebenbürgisch-sächsischen Gemeinden bei. Diese sah in den Transmigranten, die »als freie Leute der sächsischen Nation incorporiert«, also formal der eingesessenen Bevölkerung gleichgestellt wurden, unwillkommene Gäste, weil sie als potentielle Konkurrenten galten.

Immer wieder anzutreffende Klagen der Transmigranten über zu wenig zugeteiltes Bauholz, zu geringe Acker- und Wiesenflächen, der Benachteiligung in den Handwerkszünften und eine »Aufruhr« von Transmigranten 1755 in Hermannstadt sprechen dafür. Nur allmählich stieg der Verschwägerungsgrad zwischen Siebenbürger Sachsen und Transmigranten an. Und nur langsam rückten Neuankömmlinge in Gemeindeämter auf.

Diese Entwicklungen bauten die Unterschiede zwischen den beiden Gruppen in den Gemeinden nicht ab. Im Gegenteil, sie verstärkten die im Dialekt, in der Tracht, in der Wirtschaftsethik, in der Reproduktionsrate und in der Mentalität bestehenden Unterschiede zwischen Alteingesessenen und Zugezogenen, zwischen Etablierten und Außenseitern. Sie hatten bis weit ins 20. Jahrhundert ausgetragene grundsätzliche Auseinandersetzungen zur Folge, die allmählich dazu führten, dass die Transmigranten eigene, zunächst von den lokalen Gemeindeverhältnissen bestimmte Gruppenidentitäten entwickelten.

Das aus der Erfahrung des Andersseins und des Ablehnens hervorgegangene Eigenbewusstsein als Gruppe war von den Bedingungen im Ansiedlungsort bestimmt, dem Herkunftsgebiet und damit den Traditionen der Transmigranten, dem zahlenmäßigen Verhältnis von eingesessener und zugezogener Bevölkerung und der jeweils spezifischen Alters-, Vermögens- und Berufsstruktur.

Seit dem 19. Jahrhunderts enthalten die Quellen deutliche Hinweise dafür, dass sich die Zwangswanderer insgesamt zunehmend als eine Gruppe mit ihnen eigenen Merkmalen, darunter einer eigenen Herkunfts- und Deportationsgeschichte, verstanden, und als solche von den Siebenbürger Sachsen und den anderen ethnischen Gruppen Siebenbürgens wahrgenommen wurden – eine kulturell bestimmte Minderheit von bis zu 8000 Personen innerhalb der Siebenbürger Sachsen, die ihrerseits nach dem Ersten Weltkrieg zu einer Minderheit innerhalb Rumäniens wurden.

Mit den deutschen Minderheiten in Rumänien teilten die siebenbürgischen Landler die Erfahrungen der vom nationalsozialistischen Deutschen Reich einerseits vereinnahmten und instrumentalisierten und andererseits sich selbst in dessen Dienst stellenden deutschen Minderheiten Ostmitteleuropas im Zweiten Weltkrieg, 1945 die vorübergehende Deportation der arbeitsfähigen Bevölkerung in die Sowjetunion und die diskriminierende Minderheitenpolitik im sozialistischen Rumänien. Als Aussiedler und Spätaussiedler sind mittlerweile im Rahmen einer Jahrzehnte dauernden Kettenmigration und insbesondere nach dem Umsturz in Rumänien 1989 nahezu alle Angehörigen der deutschen Minderheiten Rumäniens und damit auch fast alle Landler vorwiegend in die Bundesrepublik Deutschland ausgereist. Die ganz wenigen nach Österreich ausgewanderten Landler wurden dort in den 1990er Jahren als Alt-Österreicher entdeckt.

Seit der Mitte des 20. Jahrhunderts ist die Gruppe der Landler im Auflösen begriffen. Die Zeit, in der sie nur noch in Form lokaler Erinnerungsgemeinschaften besteht, ist abzusehen. Nicht zuletzt die in jüngster Zeit entstandenen Dokumentationen zu den siebenbürgischen Landlern und zu den einzelnen Landlerdörfern sowie das Landler-Museum im österreichischen Goisern und die kleine Ausstellung in der Neppendorfer Kirche zeugen davon. »Spurensicherung« zu der im Verschwinden begriffenen, von Migrationen geprägten Landlergeschichte steht heute im Vordergrund.

Die Landler-Forschung – Ein Überblick

Noch während der Zeit, als die Deportationen durchgeführt wurden, erschienen erste, aus protestantisch-kämpferischer Feder stammende Veröffentlichungen, die auch Hinweise auf die Transmigrationen nach Siebenbürgen enthielten.[2] In der Regel waren es Sammlungen zeitgenössischer Akten, in denen die Transmigrationen nach Siebenbürgen nur eines von vielen Beispielen für die »neusten Bedruckungen« der Protestanten durch den katholischen Landesherrn, den habsburgischen Kaiser, bildeten. Auch die erste zusammenfassende Darstellung zur Geschichte der Protestanten in Österreich mit Bezügen auch zu den Deportationen nach Siebenbürgen, die Georg Ernst Waldau 1784 veröffentlichte, ist dieser Argumentation verpflichtet.

---

[2] Zur Forschungsgeschichte und zum Forschungsstand vgl. die im Literaturverzeichnis angeführten Publikationen, insbesondere jene von Mathias Beer, Erich Buchinger und Stephan Steiner.

Mit der 1835 veröffentlichten »Kurze[n] Geschichte der ersten Einwanderung oberösterreichischer evangelischer Glaubensbrüder nach Siebenbürgen« gehört der Pfarrer Joseph Ettinger (1786-1841) chronologisch und inhaltlich unübersehbar zur Frühphase der Erforschung der Geschichte der Transmigrationen. Darüber hinausgehend lieferte er aber zugleich die erste geschlossene Betrachtung zur Geschichte jener Transmigranten, die in Neppendorf eine neue Heimat gefunden hatten. Diesem Buch kommt, wie noch zu zeigen sein wird, Pioniercharakter zu. Seine Publikation sollte, trotz der Motivation, die ihr zugrunde lag, trotz ihrer Ziele und der mit der Person ihres Verfassers verbundenen Besonderheiten fast ein Jahrhundert lang die einzige Gesamtdarstellung bleiben. Ihre in der Forschung verkannte Wirkung geht weit darüber hinaus, sowohl bezogen auf die Nachkommen der Transmigranten als auch die Landler-Forschung insgesamt, zu deren einsamen Vorläufer Ettinger ungewollt wurde.[3]

Den Anfang der im engeren Sinn wissenschaftlichen Erforschung der Transmigrationen markieren die Publikationen von Hans von Zwiedineck-Südenhorst (1845-1906), die Mitte der siebziger Jahre des 19. Jahrhunderts er-

---
[3] Vgl. dazu die folgenden Ausführungen in den Kapiteln »Entstehungsgeschichte und Ziele des Buches« sowie »Ergebnisse und Wirkung«.

schienen sind. Sie fußen fast ausschließlich auf von ihm erschlossenen Quellen und haben die Entwicklungen im Herkunftsgebiet der Transmigranten im Blick. Der Wissensstand wurde in der Folgezeit von meist kleineren Beiträgen erweitert, die insbesondere im »Jahrbuch der Gesellschaft für die Geschichte des Protestantismus in Österreich« und im »Korrespondenzblatt des Vereins für siebenbürgische Landeskunde« erschienen sind. Der geographischen entspricht eine inhaltliche Zweiteilung: Im österreichischen Jahrbuch erschienen vor allem Beiträge zu den Hintergründen und zur Durchführung der Transmigrationen, im siebenbürgischen Korrespondenzblatt vor allem solche zur Ansiedlung im Deportationsgebiet. In dieser Zeit wurden mit Karl Reissenberger (1849-1921) und Heinrich Wittstock (1841-1917) sowohl in Österreich als auch in Siebenbürgern erste Stimmen laut, die für »eine vollständige Geschichte der Transmigration«, eine die Deportation und Ansiedlung verbindende Gesamtdarstellung plädierten. Diese Stimmen blieben lange Zeit ohne Echo.

Erst vom Aufschwung, den die Forschung zur Geschichte des Protestantismus in Österreich und die damals Wanderungsforschung genannte Migrationsforschung unter ausgeprägten national-völkischen Vorzeichen in der Zwischenkriegszeit des letzten Jahrhunderts erlebten – genannt seien lediglich Paul Dedic (1890-1950), Georg Loesche (1855-1932), Konrad Schünemann (1900-1940) und Josef Kallbrunner (1881-1951) – gingen neue Impulse für die Erforschung der Landlergeschichte aus. Letzterer regte die 1931 in Druck erschienene wegweisende Dissertation von Ernst Nowotny (1907-1995) an, »Die Transmigration ober- und innerösterreichischer Protestanten im 18. Jahrhundert. Ein Beitrag zur Geschichte der ›Landler‹«. Quellengesättigt mit Akten aus Archiven in Wien, Graz, Klagenfurt, Budapest und Hermannstadt legte er mit dem Buch die erste geschlossene Darstellung der Voraussetzungen, der Organisation sowie der Durchführung der Transmigrationen nach Siebenbürgen insgesamt und ihren Folgen vor. Sie entsprach nicht nur den Anforderungen einer modernen, wissenschaftlich fundierten Geschichtsschreibung, sondern verwendete auch zum ersten Mal den Begriff *Landler* im Titel eines Buches zur Geschichte der Transmigrationen und deren Folgen.

Anders als zu vermuten gewesen wäre, blieb das von der Fachwelt übereinstimmend mit Lob bedachte Buch Nowotnys in Siebenbürgen zunächst gänzlich unbekannt. Keines der dort in den späten dreißiger und vierziger Jahren des vergangenen Jahrhunderts jeweils anlassbezogen herausgegebenen, in erster Linie für die breite

Öffentlichkeit bestimmten Publikationen – Erinnerungsblätter, Landlerbuch – griff auf die Studie Nowotnys zurück. Deren Rezeption erfolgte in Rumänien erst nach dem Zweiten Weltkrieg. Ende der 1950er Jahre begann hier der Sprachwissenschaftler Bernhard Capesius (1889-1981) sich mit den bis dahin unerforschten Dialekten der Landler zu beschäftigen. Parallel dazu und ohne Kenntnis der Ergebnisse dieser Forschungen waren die Landlerdialekte etwa zur gleichen Zeit auch Gegenstand der einschlägigen österreichischen Forschung.

Für die Erforschung der Landlergeschichte sollte sich in der Folgezeit eine Reihe vorwiegend regional und lokal ausgerichteter historischer Arbeiten als wichtig erweisen. Ihnen gelang es, den mit der Studie Nowotnys erreichten Kenntnisstand zu den Hintergründen der Transmigrationen, insbesondere aber zur Herkunft und Struktur der Transmigranten entscheidend zu erweitern. Die Reihe dieser Studien wurde vom bahnbrechenden Band »Die ›Landler‹ in Siebenbürgen« gekrönt, den Erich Buchinger (1921-1989) vorlegte. Wie schon der Untertitel des 1980 erschienenen Buches – »Vorgeschichte, Durchführung und Ergebnis einer Zwangsumsiedlung im 18. Jahrhundert«– erkennen lässt, lag damit die vor fast einem Jahrhundert geforderte Gesamtdarstellung vor.

Das beeindruckende Buch besticht durch den Umfang und die Gründlichkeit der Recherchen ebenso wie durch die kaum zu überbietende Detailfreude. Im Aufbau, der Gliederung und der Fragestellung der Dissertation Nowotnys vergleichbar, unterscheidet sich Buchingers Buch dennoch erheblich von jenem. Handelt es sich bei Nowotny um eine knappe, überschaubare Analyse des Geschehens, so nimmt Buchingers Buch nicht nur hinsichtlich seines Umfangs die Form eines Nachschlagewerkes an. Neben der Darstellung der wirtschaftlichen, religiösen und politischen Voraussetzungen der Transmigrationen hat er in jahrelanger und mühevoller Kleinarbeit in mehr als zwei Dutzend Archiven (jene Rumäniens waren ihm nur in Form von Mikrofilmen bestimmter Bestände zugänglich) und Bibliotheken die Namen (fast) aller Transmigranten ermittelt. Das Ergebnis: Umfangreiche, chronologisch, nach den einzelnen Transporten geordnete Listen mit umfangreichen Angaben zu knapp 4000 Personen. Dadurch wurde das Buch nicht nur für Genealogen und Familienforscher zu einer wahren Fundgrube. Es war, wie Buchinger bestätigte, auch hauptsächlich dieses Interesse, welches ihn bewogen hatte, sich des Themas anzunehmen: Die Ermittlung von genealogischen Daten sowie genauen Zahlen über den Umfang und das Ergebnis der Deportationen. Buchingers Studie stellt, auch wenn die Ansiedlung der Transmigranten in Siebenbürgen äußerst knapp ausfällt, nach wie vor einen Meilenstein in der Erforschung der Landlergeschichte dar.

Das Gewicht und die Größe dieses Meilensteins hatte vermutlich zur Folge, dass danach kaum noch einschlägige Studien erschienen sind, auch wenn, wie der Nachlass des langjährigen Neppendorfer Pfarrers Helmut Klima (1915-1990) zeigt, gerade zu den bisher nur in Ansätzen erforschten Folgen der Ansiedlung der Transmigranten in Siebenbürgen umfangreiche Archivrecherchen durchgeführt wurden. Das änderte sich Ende der 1990er Jahre, als ein neuer Forschungsschub einsetzte. Er speiste sich im Wesentlichen aus zwei Quellen. Damals entdeckten im Zuge des Exodus der deutschen Minderheiten und damit auch der Landler aus Rumänien insbesondere die österreichische Volkskunde, Dialektologie und Soziologie in Zusammenarbeit mit Forschern in Rumänien die Landler als »verschwindende Kultur«. In diesem Zusammenhang gehört ebenso die Veröffentlichung der zweibändigen Dokumentation »Die Siebenbürgischen Landler« von 2002. Neben vielen Aspekten zur Transmigrationsgeschichte ist darin auch eine erste systematische Aufarbeitung der Forschungsgeschichte zu den Landlern, auch mit Hinweisen zu Joseph Ettinger, enthalten.

Unabhängig davon wurden die Transmigrationen und ihre Folgen in dieser Zeit erneut Thema der vorwiegend historisch geprägten Forschung, jetzt aber unter veränderten methodischen Voraussetzungen und erkenntnisleitenden Interessen. Gestützt auf die Auswertung bisher unberücksichtigt gebliebener Quellenbestände revidierten einerseits die Studien von Dieter Knall, Ute Küppers-Braun, Martin Scheutz, Stephan Steiner sowie Christiane und Peter Tropper, um nur die wichtigsten Namen zu nennen, den bisherigen Forschungsstand in wesentlichen Punkten und lieferten zugleich neue Erkenntnisse zum Geheimprotestantismus in den österreichischen Erblanden, zu dessen Bekämpfung im Rahmen der Disziplinierungs- und Bestrafungspolitik der österreichischen Monarchie und zu den Transmigrationen nach Siebenbürgen – dem »Reisen ohne Wiederkehr«. Andererseits erschienen Studien, genannt seien jene von Mathias Beer und Irmgard Sedler, die den Blick vor allem auf die Entwicklungen in Siebenbürgen richteten, den vernachlässigten Teil der Transmigrantengeschichte: Wie und in welchen zeitlichen Dimensionen vollzog sich das Einleben der Transmigranten in die siebenbürgisch--sächsische Gesellschaft, wie gestaltete sich der Kontakt und der kulturelle Austausch zwischen alteingesessener und zugezogener Bevölkerung, wie gelang es einer verhältnismäßig überschaubaren Zahl von Menschen unterschiedlicher Herkunft, in Siebenbürgen eine eigene Identität zu entwickeln und diese über mehr als zwei Jahrhunderte hinweg zu bewahren?

Trotz des insgesamt betrachtet guten Forschungsstandes – dessen ungeachtet eine aktuelle, gut lesbare Gesamtdarstellung fehlt – gibt es nach wie vor eine Reihe offener Fragen. Dazu gehört auch jene des Stellenwerts der Arbeit von Joseph Ettinger im Rahmen der Erforschung der Transmigrationen und der Geschichte der Landler. Seine Schrift ist zwar in den meisten Literaturverzeichnissen der einschlägigen Literatur angeführt. Doch darf das nicht zum Schluss verleiten, Ettingers Veröffentlichung sei auch in den Forschungsprozess einbezogen worden. Im Gegenteil, weder das eher schmale Buch noch sein Autor waren bisher Themen der Forschung – zu Unrecht, wie die Biographie des Autors und eine Analyse der Entstehungsgeschichte, des Ziels, der Ergebnisse und der Wirkungsgeschichte der Publikation zeigen.

Joseph Ettinger – Stationen einer Biographie

Mit dem 1835 im Druck erschienenen schmalen Buch »Kurze Geschichte der ersten Einwanderung oberösterreichischer evangelischer Glaubensbrüder nach Siebenbürgen« hat Joseph Ettinger die erste (Teil-)Geschichte zu den Transmigranten vorgelegt. Dass er zum Urvater der Landlergeschichtsschreibung werden sollte, wurde ihm nicht in die Wiege gelegt, ist aber möglicherweise durch seine Herkunft, in jedem Fall aber durch seine Ausbildung, seine berufliche Laufbahn und seine Verwurzelung im Luthertum wesentlich bestimmt worden.[4]

Joseph Ettinger wurde am 11. Dezember 1786 als Sohn eines Sesselmachers in Hermannstadt geboren. Der Familienname ist für Siebenbürgen nicht typisch, was auf eine Zuwanderungsgeschichte der Familie deuten könnte. Ob allerdings in der Familie Migrationserfahrungen vorhanden waren, lässt sich nicht mit letzter Sicherheit beant-

---

[4] Für den kurzen biographischen Abriss wurde die überschaubare einschlägige Literatur herangezogen. Vgl. dazu Joseph Trausch, Friedrich Schuller, Hermann A. Hienz: Schriftsteller-Lexikon der Siebenbürger Deutschen. Unveränderter Nachdruck der Ausgaben 1868, 1870, 1871, 1902. Köln, Wien 1983. Józef Szinnyei: Magyar írókéleteésmunkái. Budapest 1893. Online verfügbar unter: (http://mek.oszk.hu/03600/03630/html/e/e04930.htm). Die in der Literatur vorhandenen spärlichen Angaben konnten durch Akten aus folgenden Archiven deutlich erweitert, präzisiert und korrigiert werden, wie z. B. das richtige Geburtsdatum Ettingers: Archiv der Evangelischen Kirchengemeinde Neppendorf; Nachlassarchiv des Siebenbürgen Instituts in Gundelsheim, Nachlass Dr. Hellmut Klima, BI Nr. 62; Zentralarchiv der Evangelischen Kirche A.B. in Hermannstadt, Rumänien, Bestand Kirchengemeinde Neppendorf und Matrikel und Kirchenbuch der Stadt Hermannstadt. Die Personalakten der Evangelischen Landeskirche sind für das 19. Jahrhundert nicht erhalten. Dietrich Galter, dem Pfarrer von Neppendorf, danke ich für die erfahrene Unterstützung bei den Recherchen im örtlichen Kirchenarchiv ebenso wie dem Personal des Zentralarchiv der Evangelischen Kirche A.B. in Hermannstadt, Rumänien.

worten. Weder in der Literatur noch in den Akten zu Ettinger oder in seiner »Kurze[n] Geschichte der Einwanderung oberösterreichischer evangelischer Glaubensbrüder nach Siebenbürgen« finden sich entsprechende Hinweise. Auch von Ettinger selbst liegen keine Angaben vor, die Anhaltspunkte dafür liefern könnten. Allerdings gehörte eine Familie Ettinger, auch als Oettinger geschrieben, zu den Transmigranten eines Transports von 149 Personen, die im Sommer 1754 in Mühlbach angesiedelt wurden.[5] Der Vater und die Mutter dieser Familie verstarben im Herbst jenes Jahres, wie viele andere der Mühlbacher Transmigranten. Sie hinterließen vier Kinder, deren Alter ebenso wenig bekannt ist, wie hilfreiche Angaben zu ihren weiterer Lebenswegen vorliegen. Zu fassen sind sie lediglich später als Bewohner des Retranchements in Hermannstadt. Diese als »Übergangswohnheim« oder »Neubürgersiedlung« genutzte Bauten wurden während der theresianischen Deportationsphase auch mit Geldern, die Transmigranten nach Siebenbürgen nachgeschickt wurden, errichtet. Eines dieser Gebäude wurde später als katholisches Waisenhaus genutzt. Sollte Ettinger Angehöriger dieser Familie gewesen sein, dürfte seine Migrations-

---

[5] Vgl. dazu und zum Folgenden die Ergebnisse der Recherchen von Hellmut Klima, Siebenbürgisches Archiv Gundelsheim NL Klima, A 1518 III, Ms.: Das große Landlersterben in Mühlbach, S. 8.

geschichte mit dazu beigetragen haben, dass er sich als Gemeindepfarrer in Neppendorf der Geschichte der Transmigranten annahm.

In seiner Geburtsstadt besuchte Ettinger das evangelische Gymnasium, um anschließend für zwei Jahre als »Rektor« im siebenbürgischen Birthälm (Biertan) tätig zu sein. 1811 und 1812 studierte er Theologie in Jena. Der Beruf, ja die bei der Elite der Siebenbürger Sachsen übliche Doppelberufung als Lehrer und Pfarrer bestimmte seinen weiteren Lebenslauf. Ettinger war zunächst als Lehrer am evangelischen Gymnasium in Hermannstadt tätig. Seine pädagogischen Fähigkeiten waren gepaart mit der Überzeugung, dass die Erziehung die Grundlage für ein gottgefälliges, den Pflichten und Werten des Luthertums entsprechenden Lebens bildete.

In dieser Zeit, am 28. August 1814, heiratete Ettinger Anna Maria Filtsch. Zunächst mehrere Jahre kinderlos, entsprang der Ehe 1832 ein Sohn, Johann Karl. Die Eheschließung mit der Tochter des Hermannstädter Stadtpfarrers und Dechanten Johann Filtsch (1753-1832) bedeutete sowohl einen sozialen als auch einen gesellschaftlichen Aufstieg, der seiner beruflichen Laufbahn sicher förderlich war. In seiner Funktion als Gymnasiallektor wurde er am 22. November 1818 zum Prediger an der Laubenkirche am Kleinen Ring in Hermannstadt ordiniert. Nach dreijähriger Tätigkeit dort und als Prediger in der Spitalskirche bekleidete Ettinger zwischen 1821 und 1824 das Amt des Frühpredigers in der Hermannstädter Stadtpfarrkirche. Nach kurzer Zeit als Vesperprediger war er anschließend fünf Jahre lang Montagsprediger und schließlich zwei Jahre Hauptprediger in der Stadtpfarrkirche.

Während seiner Tätigkeit an der Stadtpfarrkirche legte Ettinger seine erste Veröffentlichung vor. Sie unterstreicht sowohl den Stellenwert von Erziehung und Unterricht in seinem Wirken als auch seine Verbindungen zum deutschen Sprachraum und die Rezeption dortiger Entwicklungen. 1828 gab Ettinger, verlegt von Samuel Filtsch, in Hermannstadt ein 1802 vom reformierten Theologen und Pädagogen Friedrich Wilhelm Wilmsen (1770-1831) veröffentlichtes, weit verbreitetes Lesebuch für die Volksschulen in einer für die siebenbürgischen Verhältnisse angepassten Form heraus. Die Ettinger'sche Bearbeitung sollte sich als sehr erfolgreich erweisen. Im Jahr ihres Erscheinens vom Oberkonsistorium für den Unterricht an den Grundschulen empfohlen, ist das Schulbuch 1846, Jahre nach Ettingers Tod, in einer neuen Auflage verlegt worden.[6] Ebenfalls nach seinem Tod erschien der erste Teil einer Beschreibung der Münzsammlung des

---

[6] Friedrich Philipp Wilmsen: Der deutsche Kinderfreund. Ein Lesebuch für Volksschulen. Zum Gebrauch für die siebenbürgischen Volks-Schulen eingerichtet. Hermannstadt 1828, ²1846.

Hermannstädter Gymnasiums, die Ettinger erarbeitet hatte.[7]

Die anerkannte Tätigkeit Ettingers als Prediger und Pädagoge bildeten die Grundlage für die Übernahme einer Pfarrei. Am 8. Juni 1831 wurde er zum Pfarrer der nordwestlich vor den Stadttoren Hermannstadts liegenden aufstrebenden Gemeinde Neppendorf berufen, eine der drei später als Landlergemeinden bezeichneten Orte. Seine erste Predigt in Neppendorf hielt Ettinger, der in das großzügige Pfarrhaus der Gemeinde einzog, am 26. Juni. Er stellte sie, nicht überraschend für seine Person, unter das Thema »Der Ruf des neuen Religionslehrers – Haltet fest am Evangelium«. Am gleichen Tag leitete er auch, was damals für einen Pfarrer nicht selbstverständlich war, die Kinderlehre, in der die Jugend des Dorfes zusätzlich Religionsunterricht erteilt wurde.

Diese sicher so nicht vorhersehbaren Erfahrungen als Gemeindepfarrer in Neppendorf und die mutmaßliche Migrationsgeschichte seiner Familie haben ihn dazu veranlasst, Recherchen zur Geschichte der Transmigrationen aufzunehmen. Ihr Ergebnis: Die 1835 in Hermannstadt im Druck erschienene, von Samuel Filtsch verlegte »Kurze Geschichte der ersten Einwanderung oberösterreichischer Glaubensbrüder nach

---

[7] Numophylacii Gymnasii Cib. A. C. add. Discriptio. Fasciculus I. Cibinii 1845.

Siebenbürgen«[8]. Das Buch, auf dessen Titelseite der Autor namentlich nicht genannt wird, sollte die Deutung der Transmigration durch die Nachkommen der Zuwanderer, durch die Bevölkerung der Landlergemeinden und die siebenbürgisch--sächsische Geschichtsschreibung nachhaltig, bis in die Gegenwart prägen. Es ist auch aus historischer Perspektive betrachtet seine einflussreichste Publikation, sicherte es ihm doch einen besonderen Platz in der Forschungsgeschichte zu den Transmigrationen der Frühen Neuzeit.

Ettinger war, das ist auch aus seiner »Kurze[n] Geschichte der ersten Einwanderung oberösterreichischer Glaubensbrüder nach Siebenbürgen« herauszulesen, ein überzeugter und kämpfender Lutheraner. Das ihm zugrunde liegende Weltbild und seine mit einer tiefen Obrigkeitsgläubigkeit verbundenen Wertvorstellungen bildeten *die* Grundlagen für seine Tätigkeit als erfolgreicher Pädagoge, als Pfarrer und Chronist der ihm anvertrauten Neppendorfer Kirchengemeinde. Den Stellenwert, den er den jährlichen Reformationsfeiern beimaß, unterstreicht seine feste Verankerung im Luthertum. Diese war darüber hinaus gepaart mit einer tiefen Verehrung für das ka-

---

[8] Im Original: Kurze Geschichte der ersten Einwandrung oberöstreichischer Glaubensbrüder nach Siebenbürgen. In einem Vortrage an seine Gemeinde dargestellt von dem derzeitigen evangel. Pfarrer zu Neppendorf bei Hermannstadt in Siebenbürgen. Hermannstadt 1835. Im Folgenden: Ettinger, Kurze Geschichte.

tholische österreichische Kaiserhaus, die für ihn nicht im Gegensatz zu seinem Glauben stand, sondern selbstverständlich und unzertrennlich mit ihr verbunden war.

Seine Hochachtung gegenüber dem »deutschen Kaiserhause von Österreich«, wie er formulierte, ist in seiner »Kurze[n] Geschichte der Einwanderung oberösterreichischer Glaubensbrüder nach Siebenbürgen« unübersehbar und zeigt sich auch in seinem Anliegen, für eine besondere Ausgestaltung der Geburtstagsfeiern für Kaiser Ferdinand I. (1835-1848) im Jahr 1837 in Neppendorf zu sorgen. An diesem Tag predigte er gemäß dem Luther'schen Glaubenssatz, dem er zeitlebens folgte, zum Thema »Pflicht christlicher Untertanen gegen den Landesherrn«.

Eine schwere Erkrankung setzte dem Wirken Ettingers als Lehrer, Pfarrer und Transmigranten-Chronist ein jähes Ende. Nach nicht einmal einem Jahrzehnt als Gemeindepfarrer hielt er am 30. Juni 1839 seine letzte Predigt in Neppendorf. Eine Vertretung, um die die Gemeinde die Kirchleitung gebeten und für die sich auch Ettinger ausgesprochen hatte, wurde schließlich Ende 1841 eingesetzt. Im selben Jahr verlegte Ettinger seinen Wohnsitz nach Hermannstadt.

Hier starb er am 11. November 1841 im Alter von 55 Jahren laut Hermannstädter Matrikel an »Zehrfieber«.

Kurze Geschichte der ersten Einwanderung oberösterreichischer evangelischer Glaubensbrüder nach Siebenbürgen

Es liegen keine Quellen, schon gar keine Selbstzeugnisse vor, die es ermöglichen würden, die Beweggründe näher kennenzulernen, die Ettinger bewogen haben mögen, sich mit der Geschichte der Transmigranten zu beschäftigen, die letztendlich in seiner »Kurze[n] Geschichte der ersten Einwanderung oberösterreichischer evangelischer Glaubensbrüder nach Siebenbürgen« ihren Niederschlag fanden. Doch erlauben es seine Biographie und sein Weltbild, vor allem aber die Hinweise, die im Buch selbst zu finden sind, sowie die Form, der Inhalt und die Argumentation der Schrift, die Entstehungsgeschichte, die Ergebnisse und die Wirkung des Buches so nachzuzeichnen, wie sie abgelaufen sein könnte und somit dessen Stellenwert zu bestimmen.

Die Ansiedlung der Transmigranten in Neppendorf und die Folgen[9]

Neppendorf war einer der drei Hauptansiedlungsorte, in den die Transmigranten erstmalig am 19. September 1734 eingewiesen wurden. In ihrer Mehrheit aus dem oberösterreichischen Salzkammergut stammend, bildeten sie mit

---
[9] Vgl. dazu insbesondere die Publikationen von Mathias Beer im Literaturverzeichnis.

70 Prozent der Transmigranten der karolinischen Deportationen den Kern der Transmigrantenzuwanderer der Gemeinde. Von den Zuwanderern der theresianischen und josephinischen Transmigrationsphasen ließen sich nur sehr wenige in Neppendorf nieder.

Die in einem überschaubaren Zeitraum erfolgte Deportation ohne Wegnahme der Kinder, zudem von Personen, die einem eng umgrenzten Gebiet entstammten und die weitgehend geschlossen angesiedelt wurden, sind Charakteristika, die von allen Ansiedlungsorten nur Neppendorf auszeichnen. Sie schufen gute Voraussetzungen für die Ansiedlung. Positiv wirkte sich zudem der schlechte Zustand aus, den der Ort zum Zeitpunkt der Ansiedlung als Folge von Kriegen und Seuchen aufwies. 1721 gab es lediglich 21 von Siebenbürger Sachsen bewirtschaftete Höfe. Zudem wohnten im Dorf 34 Walachen. Zwölf Höfe waren verlassen. Es musste also nicht Platz für die Neuankömmlinge geschaffen, sondern nur kurzfristig notdürftige Vorarbeiten durchgeführt werden. Diese machten es erforderlich, die Transmigranten für einen knappen Monat vorübergehend in Heltau unterzubringen, von wo die ersten 168 Transmigranten dann nach Neppendorf gebracht wurden.

Verglichen mit siebenbürgisch-sächsischen Gemeinden ohne Migrationszuwachs trug die Ansiedlung entscheidend zum wirtschaftlichen und sozialen Aufstieg des Ortes bei. Dieser schlug sich nach einer anfänglichen hohen Sterberate unter den Transmigranten in der überproportionalen natürlichen Bevölkerungszunahme, in der steigenden Wirtschaftskraft und im gestiegenen Steueraufkommen der Gemeinde nieder. 1809 zählte die Bevölkerung des Ortes bereits 783 Einwohner, eine Bevölkerungszahl, die sich bis zum Ende des 19. Jahrhunderts fast verdreifachen sollte. Die Folge: Neppendorf konnte nicht nur seine zunächst gefährdete Eigenständigkeit behalten, sondern der Ort erhielt schließlich den Status einer selbständigen Stuhlgemeinde.

Diese erst langfristig betrachtet positiven Folgen der Ansiedlung der Transmigranten für Neppendorf dürfen nicht über den schwerwiegenden Eingriff hinwegtäuschen, den die Deportation für die Transmigranten darstellte, wenn sie die Zwangswanderung überlebten, sowie die Auseinandersetzungen und auch die tiefgreifenden Konflikte, die die Aufnahme und das Einleben der Transmigranten sowie das Zusammenleben von Neubürgern und eingesessener Bevölkerung lange Zeit, in manchen Bereichen bis ins 20. Jahrhundert begleiteten. Sie gehören mit in die Bilanz dieser religiös motivierten, Bestrafung und Ansiedlung verbindenden Deportation, die Ettinger sicher nicht verborgen geblieben war.

Spannungen traten im wirtschaftlichen Bereich auf. Trotz der verfügbaren Flächen auf dem Gemeindegrund wurden den Transmigranten nur nach und nach Acker- und Weideflächen zugeteilt. Auch bei der Verteilung von Bauholz wurden sie benachteiligt. Mit ähnlichen Schwierigkeiten hatten die Handwerker unter den Transmigranten zu kämpfen. Es dauerte fast 20 Jahre, bis die ersten Zimmerleute unter den Neubürgern in die entsprechende Hermannstädter Zunft aufgenommen wurden. Dabei mussten sie sich vertraglich zu einer für sie nachteiligen Arbeitsteilung verpflichten. Ähnlich schleppend wie die wirtschaftliche Eingliederung verlief die Anbahnung verwandtschaftlicher Beziehungen zwischen Alt- und Neubürgern.

Es dauerte über ein Jahrzehnt, bis ein Transmigrant in eine angesehene sächsische Familie einheiratete. Doch änderte das nichts an der grundsätzlichen Trennung in zwei Heiratskreise. Später als im Bereich der Wirtschaft und der Eheschließungen kamen die Transmigranten bei der Ämterbesetzung in der Gemeinde zu Zug. Es sollte 13 Jahre dauern, bis ein Neubürger das Amt des Kirchenvaters ausübte und über 40 Jahre bis einer von ihnen zum Dorfrichter bestellt wurde. Selbst zu Beginn des 20. Jahrhunderts waren die vom Zuzug der Transmigranten ausgelösten Spannungen noch gegeben, wie der erbitterte und lang andauernde Streit über die Sitzordnung zwischen Siebenbürger Sachsen und den zu Landlern gewordenen Transmigranten erkennen lässt.

Zweifellos, die Zuwanderung hatte langfristig betrachtet für Neppendorf positive Folgen. Doch die Aufnahme der Transmigranten und das Zusammenleben von Alt- und Neubürgern stellte das Dorf vor besondere Herausforderungen, mit der die Gemeindeverwaltung ebenso wie die Ortspfarrer und die Bevölkerung des Ortes über Jahrhunderte beschäftigt waren.

Entstehungsgeschichte und Ziele des Buches

Vieles spricht dafür, dass Ettinger bereits vor dem Antritt der Pfarrstelle in Neppendorf Kenntnis von der spezifischen, maßgeblich von der Migrationsgeschichte neueren Datums bestimmten Vergangenheit des Ortes hatte. Die wirtschaftlichen Beziehungen der Neubürger zu Hermannstadt, ihre im Alltag aufgrund ihrer Tracht und ihres Dialekts unübersehbare Andersartigkeit und die Wellen, die die Ansiedlung der Transmigranten aller drei Schübe bei der weltlichen und Kirchenführung der Siebenbürger Sachsen geschlagen hatte, all das dürfte ihm bekannt gewesen sein.

Beim Antritt der Pfarrstelle in Neppendorf sah er sich dann direkt mit den auch nach einem Jahrhundert immer noch allenthalben sicht- und spürbaren Folgen der Zuwanderung für das Zusammenleben von Alt- und Neubürgern in seiner Kirchengemeinde konfrontiert.

Entsprechende Erfahrungen gepaart mit seiner im Luthertum verankerten protestantischen Mission und vielleicht auch die Migrationsgeschichte der eigenen Familie waren wohl ausschlaggebend für ihn, sich näher mit der Geschichte Neppendorfs und seiner bedeutenden Zuwanderergruppe zu beschäftigen. Befördert wurde der Entschluss auch durch einen Zufall: Die zeitliche Nähe der Mitte 1831 erfolgten Berufung Ettingers zum Pfarrer von Neppendorf zum Jahrestag der Ankunft der ersten Transmigranten, der sich 1834 zum 100. Mal jährte.

Aus Anlass dieses runden Jubiläums bereitete Ettinger einen Vortrag vor. Er war allein für die Mitglieder der eigenen Kirchengemeinde bestimmt. Als Referenzdatum für das Jubiläum wählte er nicht den 19. September 1734, den 13. Sonntag nach Trinitatis, an dem die Transmigranten des ersten karolinischen Schubs nach Neppendorf eingewiesen worden waren und dort den ersten Gottesdienst besucht hatten, sondern den 20. August 1734. Damals traf der erste Transmigrantentransport in Großau ein, der zunächst vorübergehend einen knappen Monat in Heltau einquartiert wurde, von wo die Transmigranten dann hauptsächlich nach Neppendorf kamen.

Den Vortrag hielt Ettinger an dem auf den 20. August folgenden 13. Sonntag nach Trinitatis, also am Sonntag, dem 24. August, im Rahmen der Vesper, des Abendgottesdienstes. Nach einem kurzen Gebet trug er vor der versammelten Kirchengemeinde in einer gut einstündigen Ansprache die Ergebnisse seiner Recherchen vor. Er stellte die Hintergründe, die Durchführung und die Ergebnisse der Umsiedlungen vor, im Wesentlichen soweit sie sich auf Neppendorf bezogen.

Es liegen keine Angaben darüber vor, wie der einer Predigt ähnliche Vortrag, mit dem Ettinger seiner Gemeinde ihre in Vergessenheit geratene jüngere Geschichte spiegelte, aufgenommen wurde. Doch vieles spricht für ein äußerst positives Echo. Nicht nur was, sondern auch wie der Ortspfarrer über die Ursachen, den Verlauf und die Folgen der Geschichte von mehr als der Hälfte der Bewohner Neppendorfs und der gemeinsamen hundertjährigen Geschichte von Alt- und Neubürgern berichtet hatte, kam offenbar bei den Zuhörern gut an. Dafür sprechen die sich schnell zu Wort gemeldeten Stimmen aus dem Kreis der Kirchengemeinde und darüber hinaus, die sich für eine Veröffentlichung des Vortrags aussprachen und Ettinger ermunterten, eine Publikation des Vortrags ins Auge zu fassen.[10]

---

[10] Ettinger, Kurze Geschichte, Vorwort, S. 3f.

Ettinger, der wohl selbst über das große Interesse überrascht war, auf das sein für ein begrenztes Publikum gedachter Vortrag gestoßen war, griff die Anregung auf und bereitete den Text für die Veröffentlichung vor. Angereichert mit einem Vorwort und zwei umfangreichen Anhängen,[11] welche Akten enthalten, die er für seinen Vortrag herangezogen hatte, erschien im Herbst des Jahres 1835 in Hermannstadt die von Samuel Filtsch verlegte »Kurze Geschichte der ersten Einwanderung oberösterreichischer evangelischer Glaubensbrüder nach Siebenbürgen«. Folgt man der eigenhändigen Widmung des Autors in einem der überlieferten Exemplare – »Seinen innig geliebten Freunden zur liebevollen Erinnerung an ihn vom Verfasser Joseph Ettinger gewidmet 1836« –, liegt man wohl richtig mit der Annahme, dass das Erscheinen des Buches neben den zahlreichen Interessenten auch für den Autor eine Genugtuung war.

Das umso mehr, als der Vortrag zum hundertjährigen Gedenken an die Ankunft der ersten Transmigranten in Siebenbürgen und das daraus hervorgegangene Buch für Ettinger nicht Selbstzweck waren. Als ein dem Luthertum durch und durch verpflichteter Pädagoge und Pfarrer verfolgte er mit dem Vortrag klare Ziele, von de-

---

[11] Zum Inhalt und zur Struktur des Bandes vgl. die folgenden Ausführungen.

nen er sich mit der Veröffentlichung versprechen konnte, dass sie eine größere Verbreitung finden würden.

Die Ziele Ettingers werden im Buch besonders im Vorwort sowie am Schluss angesprochen und schlagen sich darüber hinaus in der Argumentation des Autors und seiner Deutung der geschilderten Ereignisse nieder. Sie lassen sich mit christlicher Belehrung, Traditionsbildung und Integrationsarbeit auf den Punkt bringen.[12]

Für Ettinger war die Transmigrationsgeschichte eine erzählenswerte, weil sie eine außergewöhnliche Geschichte darstellte. In den Transmigranten sah er Vorkämpfer für das Luthertum schlechthin, für den »teuer erkämpften Glauben«, und für ein alle Zeiten »höchst beachtungswertes Gut«, also für die freie Ausübung des evangelischen Glaubens. Deshalb zielte er mit dem Vortrag und dem Buch darauf, dieses christlich-protestantische Lehrstück seinen Gemeindemitgliedern und allen anderen »frommen Gemüter« als nachahmenswertes Beispiel vor Augen zu führen. Ganz im Sinn der Erweckungsliteratur ruft er die Gemeindemitglieder geradezu auf,[13] nicht »lau und wankelmütig«, sondern stark und fest im Glauben zu sein, um sich als vorbildliche Glaubenserben ihrer Ahnen, als wahre Christen zu erweisen.

---

[12] Vgl. dazu auch die Ausführungen im Kapitel »Ergebnisse und Wirkung«.
[13] Ettinger, Kurze Geschichte, S. 31f.

Indem Ettinger Geschichte und Gegenwart verband, forderte er zur Traditionsbildung und Traditionspflege auf. Er ruft im Buch die Gemeindemitglieder, bei denen nach eigenen Worten die Geschichte ihrer Vorfahren bereits in Vergessenheit geraten war, auf, die Erinnerung an die Vorfahren wach zu halten und zu pflegen. Mit dem Vortrag und dem Buch bezweckte er, für die angemahnte Erinnerungsarbeit und Traditionspflege eine verlässliche Grundlage bereitzustellen. Deshalb überrascht es auch nicht, dass er mit dem 100. Jahrestag der Ansiedlung ein rundes Jubiläum für sein Anliegen wählte.

Mit der christlicher Belehrung und der Traditionsbildung zielte Ettinger letztendlich auf die Gegenwart der ihm anvertrauen, zweigeteilten Kirchengemeinde. Indem er die nach seiner theologischen Interpretation vorbildliche Geschichte des zugewanderten Teils der Gemeinde aufgriff und ins Bewusstsein rief, stellte er die Neubürger den Altbürgern als eben- und gleichberechtigte Bürger gegenüber. Auf dieser Grundlage und der Herkunft aus demselben »Volksstamm« sah er die Voraussetzung für die von ihm angemahnte »brüderliche Eintracht«, das von den Werten des Luthertums bestimmte friedliche Zusammenleben der Dorfbewohner. Die im Buch eingeforderte, zum Zeitpunkt des Erscheinens des Buches noch längst nicht abgeschlossene Integration der

Neubürger sollte im Sinne eines gottgefälligen Lebens dem höheren Ziel der Loyalität gegenüber der Obrigkeit und insbesondere dem österreichischen Kaiserhaus dienen.

Quelle- und Literaturgrundlage

Bereits zu Beginn seiner Überlegungen, dieses wichtige Kapitel der Geschichte seiner Gemeinde aufzuarbeiten, um es im Gedächtnis der Gemeinde zu erhalten, muss Ettinger klar geworden sein, dass es zu den ihn interessierenden Fragen kaum Vorarbeiten gab und wenn, dann nur zu bestimmten Aspekten. Zudem musste er feststellen, dass nach drei Generationen seit der Ankunft der ersten Transmigranten die Ereignisse in Vergessenheit geraten waren.[14] Er konnte deshalb nicht durch Befragen der Ortsbevölkerung auf die mündliche Überlieferung und damit das tradierte und erinnerte Wissen zurückgreifen. Diese ungünstigen Voraussetzungen wog Ettinger dadurch auf, dass er seine Recherchen ausweitete und um eine möglichst breite Quellengrundlage bemüht war. Seine Nachforschungen konzentrierten sich auf vier Bereiche.

Er suchte erstens nach Literatur zur Religionsgeschichte der Herkunftsregion der Transmigranten. Davon versprach er sich, Hinweise zu

---

[14] Vgl. dazu die Anmerkungen in Ettinger, Kurze Geschichte, S. 5f.

den Ursachen der Zwangsumsiedlung und auch zu den Charakteristika zu finden, die die Transmigranten auszeichneten. Er wurde insbesondere in einer »Geschichte der Protestanten in Österreich« fündig. Sie war 1784 vom evangelischen Nürnberger Theologen Georg Ernst Waldau (1745-1817) veröffentlicht worden.[15]

Das zweibändige Werk, das in der Bibliothek des Brukenthal-Museums oder im Bestand des Hermannstädter Gymnasiums vorlag, das Ettinger selbst besucht hatte, wurde zu seiner maßgeblichen Literaturquelle. Auch wenn nicht ausgeschlossen werden kann, dass Ettinger noch weitere Werke benutzt hat, ist das Buch von Waldau das einzige, das für die Entwicklung des Untergrundprotestantismus in den österreichischen Erbländern und den Anfängen der Deportationen nach Siebenbürgen herangezogen wurde, dafür umso intensiver. Ettinger hat die ihn interessierenden Teile des zweiten Bandes regelrecht ausgeschlachtet, mehrere Seiten und ganze Passagen Wort wörtlich von Waldau übernommen, allerdings ohne dass er seine Vorlage angeführt und oder genau zitiert hätte. Das ist sicher der Genese seiner »Kurze[n] Geschichte der ersten Einwanderung oberösterreichischer evangelischer Glaubensbrüder nach Siebenbürgen« geschuldet, die

---
[15] Georg Ernst Waldau: Geschichte der Protestanten in Österreich, Steiermark, Kärnten, Krain vom Jahr 1520 biß auf die neueste Zeit. 2 Bde. Ansbach 1784.

ursprünglich nur als mündlicher Vortrag für die Gemeindemitglieder Neppendorf gedacht war. In der Druckfassung fehlt ein Literaturverzeichnis ebenso wie es im umfangreichen Quellenanhang keine Nachweise zu den Dokumenten gibt.

Über Erkenntnisse zur Religionsgeschichte der Heimat der Transmigranten hinaus war Ettinger zweitens daran interessiert, Näheres über die ihre Herkunftsgebiete und den dortigen kirchlichen Verhältnissen der neusten Zeit, also zu Beginn des 19. Jahrhunderts, zu erfahren. Anders als bei der Geschichte des Protestantismus begnügte er sich hiermit allgemeinen zugänglichen Angaben zum oberösterreichischen Salzkammergut und im Wesentlichen mit dem Rückgriff auf einen Zeitungsartikel »Über die kirchlichen Verhältnisse der evangelischen Gemeinden des k. k. Salzkammergutes in Österreich ob der Enns«.

Der 1833 verfasste, äußerst kritische Bericht erschien ein Jahr später in der Februarausgabe der in Darmstadt herausgegebenen *Allgemeinen Kirchen-Zeitung*.[16] Der Zeitschriftenbeitrag ist sicher nicht das Ergebnis einer systematischen Recher-

---

[16] H[einrich]. von Vieth: Über die kirchlichen Verhältnisse der evangelischen Gemeinden des k. k. Salzkammergutes in Österreich ob der Enns. In: Kirchen=Zeitung. Ein Archiv für die neueste Geschichte und Statistik der christlichen Kirche nebst einer kirchenhistorischen und kirchenrechtlichen Urkundensammlung. Hrsg. von Ernst Zimmermann, Karl Gottlieb Bretschneider und Georg Zimmermann. Darmstadt 13. Jg. 1834, Bd. 1, Nr. 19, 2. Februar, Sp. 153-157.

che Ettingers. Er stieß wohl eher zufällig als eifriger Leser dieser führenden theologischen Zeitung der Zeit darauf. Weil ihm daran gelegen war, einen Vergleich zwischen der Lage der Protestanten im Herkunftsgebiet der Transmigranten und in Siebenbürgen zu Beginn des 19. Jahrhunderts zu ziehen, der zu Gunsten Letzterer ausfiel, bezog er diesen zeitgenössischen Bericht kurzerhand mit in seine Darstellung ein. Auch dieser Beitrag wird in Auszügen und eher »großzügig« wiedergegeben, als dass genau zitiert würde, Eindruck, den Ettinger mit den gesetzten Anführungszeichen andeutet.

Zur Reise der Transmigranten nach und insbesondere ihre Ankunft und Aufnahme in Siebenbürgen lieferten die verfügbare Literatur, die zeitgenössischen Zeitungen und Zeitschriften keine Angaben. Daher weitete Ettinger drittens seine Nachforschungen auf Recherchen im Archiv der Sächsischen Nationsuniversität in Hermannstadt aus. Auch hier erfolgte nicht eine systematische Durchsicht einschlägiger Bestände. Dennoch wurde Ettinger in den Hermannstädter Stadt- und Magistratsakten sowie in der Faszikularaktensammlung für die Jahre 1734 und 1735 fündig. Einige dieser Dokumente wertete er nicht nur für seinen Vortrag aus, sondern bezog sie auch in den umfangreichen Anhang der »Kurze[n] Geschichte der ersten Einwanderung oberösterreichischer evangelischer Glaubensbrüder nach Siebenbürgen« ein. Damit legte Ettinger nicht nur die erste Gesamtdarstellung der Transmigrationen und ihrer Folgen soweit sie Neppendorf betrafen vor, sondern er veröffentlichte auch als erster wichtige Quellen dazu, wenn auch ohne Quellenangabe und ohne der üblichen wissenschaftlichen Vorgehensweise zu folgen. In der Regel handelt es sich um Auszüge aus Akten, die nicht wortgetreu dem Original folgen.

Zusätzlich zu den Literatur-, Zeitschriften- und Archivstudien bezog Ettinger viertens auch seine eigenen Erfahrungen in die Vorbereitung seines Vortrags und die daraus entstandene Publikation ein. Als Pfarrer und genauer teilnehmender Beobachter der Verhältnisse vor Ort hatte er offensichtlich ein gutes Gespür für die aus einer Migrationsgeschichte erwachsenen Besonderheiten seiner Gemeinde und deren Bewohner.

Deshalb ist die »Kurze Geschichte der ersten Einwanderung oberösterreichischer evangelischer Glaubensbrüder nach Siebenbürgen« nicht nur ein historisches Werk, sondern zugleich Zeitgeschichte, ein Spiegelbild der Verhältnisse in Neppendorf im ersten Drittel des 19. Jahrhunderts.

Gliederung und Inhalt des Buches

Das 59 Seiten starke Veröffentlichung, das über kein Inhaltsverzeichnis verfügt, ist in drei Teile gegliedert. Auf das zwei Seiten umfassende Vorwort folgt der Kern des Buches, in dem auf 27 Seiten die Vorgeschichte, die Durchführung und das Ergebnis der Transmigrationen der Jahre 1734 und 1735 geschildert werden, soweit sie sich auf Neppendorf beziehen. Die abschließenden Seiten 33 bis 59 enthalten einen umfangreichen Quellenanhang.

Im Vorwort[17] erläutert Ettinger kurz die Hintergründe des 100-jährigen Jubiläums der Ansiedlung der Transmigranten, indem er die Bedeutung des 20. August 1734 für einen beträchtlichen Teil der Bevölkerung von Neppendorf und die Geschichte des Ortes insgesamt hervorhebt. Darüber hinaus geht er auf die Motive ein, die ihn bewogen haben, zunächst nur in einem für die Gemeinde bestimmten Vortrag dieser Geschichte nachzugehen, und was ihn dann veranlasst hat, den Text entgegen der ursprünglichen Absicht zu publizieren. Sie alle fußen auf seiner als Lutheraner tief verwurzelten religiösen Überzeugung, wonach die Möglichkeit, sich frei zum evangelischen Glauben bekennen und ihn offen ausüben zu können, ein hohes, ja das höchste Gut darstellt.

---
[17] Ettinger, Kurze Geschichte, S. 3f.

Für dieses muss, so Ettingers Grundsatz, gekämpft werden, dieses gilt es zu verteidigen, weshalb für ihn auch alle Verfechter und Vorkämpfer des Protestantismus in der Geschichte nachahmenswerte Vorbilder waren – auch die aus den Kernländern der Monarchie ausgewiesenen Transmigranten.

Deren Leidensgeschichte, die er in eine Siegergeschichte umdeutet, skizziert Ettinger im Hauptteil seines Buches[18] im Großen und Ganzen zutreffend. Dieser enthält mehrere inhaltliche Schwerpunkte, ohne dass sie durch Zwischenüberschriften untergliedert werden. Darin geht er zunächst nochmals auf die Gründe ein, die ihn bewogen haben, sich mit der Geschichte der Transmigrationen zu beschäftigen und spricht die Ziele an, die er mit der Publikation verfolgte.[19] Die eigentliche Geschichte der Transmigrationen, deren Voraussetzungen, Ablauf und das Ergebnis des ersten Schubs – Ettinger bezeichnet sie als Hauptstücken seiner Erzählung – steht im Mittelpunkt dieses Teils des Buches.

Eingangs macht Ettinger den Leser kurz mit der Geographie und Landeskunde der Herkunftsregion der Transmigranten vertraut.[20] Die entsprechenden Bevölkerungsdaten zum Zeitpunkt des Entstehens des Buches werden ebenso genannt

---

[18] Ebd., S. 7-31.
[19] Vgl. dazu die Ausführungen im Kapitel »Entstehungsgeschichte und Ziele des Buches«.
[20] Ettinger, Kurze Geschichte, S. 7f.

wie die Verwaltungs- und Wirtschaftsstruktur und das Erscheinungsbild der Region mit der Nennung der wichtigsten Orte vorgestellt werden.

Es folgt dann der umfangreichste Abschnitt des Hauptteils,[21] der gemäß der von Ettinger herangezogenen Vorlage eine Geschichte des Protestantismus im Salzkammergut seit Luthers Zeiten bis einschließlich den 1734 und 1735 durchgeführten Deportationen von Angehörigen lutherischen Glaubens nach Siebenbürgen enthält. Es ist im Wesentlichen eine politische Geschichte des Protestantismus in den österreichischen Erbländern, deren Höhe- und Tiefpunkte vornehmlich an kaiserlichen Religionserlassen veranschaulicht wird. Zentral ist dabei die von Kaiser Maximilian II. (1564-1576) am 11. Januar 1571 erlassene Religionsassekuration.[22] Darin sicherte er den Lutheranern Augsburgischen Bekenntnisses, allerdings nur jenen, die den Ständen des Adels und der Ritterschaft angehörten, die Anerkennung ihrer Glaubensrichtung zu. Von protestantischer Seite wurde diese Zusicherung aber im eigenen Sinn sehr weit ausgelegt, eine Deutung, der auch Ettinger folgt. Dem entsprechend werden die gegenreformatorischen Maßnahmen in der der Regentschaft Maximilian II. folgenden Zeit als »eine oft sehr harte Bedrückung der Evangelisch-

---
[21] Ebd., S. 8-31.
[22] Karl Kuzmány: Urkundenbuch zum österreichisch-evangelischen Kirchenrecht. Wien 1856, S. 4f.

gesinnten«[23] beschrieben. In der ausgebreiteten personalisierten Unterdrückungsgeschichte des Protestantismus wird zwischen »schlechten« und »guten« Kaisern unterschieden, wobei zu den »guten« Kaiser Karl VI. und Kaiser Joseph II., letzterer aufgrund des von ihm am 13. Oktober 1781 erlassenen Toleranzpatents, gezählt werden. Die konkreten Auswirkungen der Haupt- und Staatsaktionen des Konfessionszeitalters auf die Protestanten in den österreichischen Erbländern werden anhand persönlicher Zeugnisse verdeutlicht. Dazu gehören Teile einer 1653 gehaltenen Predigt des zum Protestantismus übergetretenen Zisterziensermönchs Johannes Riedinger[24] und Auszüge aus den wiederholten Eingaben des Corpus Evangelicorum, der in Regensburg ansässigen Vertretung der lutherischen und reformierten Reichsstände, an den Kaiser, insbesondere vom Ende des 17. und dem beginnenden 18. Jahrhundert.

Breiten Raum räumt Ettinger, weiterhin seinem Gewährsmann Waldau folgend, den unmittelbaren Ereignissen im Salzkammergut im Jahr vor der Deportation[25] und der eigentlichen Transmigrationen im Jahr 1734 sowie deren Ergebnis ein. Dabei liefert er eine detaillierte Be-

---

[23] Ettinger, Kurze Geschichte, S. 10.
[24] Johannes Riedinger: Anima Reformata. Das ist Erleuchtung- und Revocations-Predigt. Leipzig 1654, S. 57f.
[25] Ettinger, Kurze Geschichte, S. 17-23.

schreibung der Umstände und Chronologie der unter militärischer Bewachung stattfindenden Fahrt zu Wasser und zu Land von Linz bis nach Großau,[26] der Einquartierung und Religionsprüfung in Heltau,[27] der anschließenden Einweisung nach Neppendorf und der weiteren Transporte der Jahre 1734 und 1735.[28] Auch in diesem Teil wird der Hergang der Ereignisse mit persönlichen Berichten untermauert. Dazu gehören eine Schilderung des Deputierten der Siebenbürgisch Sächsischen Nationsuniversität am kaiserlichen Hof und Hermannstädter Stuhlrichters Johann Kinder von Friedenberg (1672-1740) über einen Teil der Reise der Transmigranten, bei der er sie begleitet hatte, sowie mehrere Briefe, darunter ein Dankesbrief der Transmigranten an Kaiser Karl VI. und Briefe von ihnen an Angehörige in der oberösterreichischen Heimat.

Der darstellende Teil des Buches endet mit einer direkten Ansprache Ettingers an seine Gemeindemitglieder. Dadurch dass sie an das Vorwort anknüpft, kommt ihr eine Rahmenfunktion zu. Darin wendet er sich zunächst getrennt an die Nachkommen der Transmigranten und jene der alteingesessenen Bevölkerung. Die Nachfahren der Zugezogenen fordert er auf, sich in ihrem Glauben und Lebenswandel die glaubens-

---

[26] Ebd., S. 23-28.
[27] Ebd., S. 28-30.
[28] Ebd., S. 30f.

beständigen Vorfahren zum Vorbild zu nehmen und das Andenken an die Ahnen zu ehren. Die eingesessene Bevölkerung erinnert er an die menschenfreundliche Aufnahme der Transmigranten und die positiven Folgen des Zuzugs für den Ort. Die »Ansiedlung deutscher Glaubensbrüder« habe sich viel besser bewährt, als die anderer Personen, womit der deutschnationale Ettinger auf die durchgeführten und geplanten Umsiedlungen von Angehörigen der orthodoxen rumänischen Bevölkerung anspricht. Sich an beide Gruppen des Dorfes, Alt- und Neubürger, wendend, appelliert Ettinger wohl wissend um die Spannungen in der Gemeinde an die »brüderliche Eintracht« der Bewohner des Ortes und bestärkt sie in ihrem evangelischen Glauben als Richtschnur für ein Leben, das von Gehorsam gegenüber der Obrigkeit und treuer Ergebenheit gegenüber dem »deutschen Kaiserhause von Österreich« gekennzeichnet sein sollte. Das Buch schließt mit einem umfangreichen Quellenanhang, der fast genauso lang ist wie der darstellende Teil des Buches.[29]

Wie bei allen herangezogenen Unterlagen geht Ettinger auch hier nicht fachmännisch vor: Zum einen werden die Texte in der Regel nicht vollständig wiedergegeben, ohne dass das gekennzeichnet wäre, und zum anderen folgen die Wiedergaben nicht Wort wörtlich den originalen Vorlagen.

---
[29] Ettinger, Kurze Geschichte, S. 33-59.

Der Anhang ist zweigeteilt, was auch durch eine entsprechende Gliederung kenntlich gemacht wird. Der erste Teil des Anhangs – »Urkundliche Angaben« – enthält fünf vollständige oder als Teilabdruck wiedergegebene Aktenstücke, im Einzelnen: eine Bittschrift des Corpus Evangelicorum in Regensburg an Kaiser Karl VI. vom 4. Juli 1733; ein Verzeichnis der am 13. Juli 1734 in Klosterneuburg eingeschifften Transmigranten; ein Dankesschreiben der Transmigranten an Kaiser Karl VI. vom 27. August 1734; den Fragenkatalog, den die Transmigranten am 26. August 1734 in der Stadtpfarrkirche in Heltau zu beantworten hatten; zwei Verzeichnisse der Transmigranten des zweiten und dritten Transports, die 1735 in Neppendorf und in Großau angesiedelt wurden.

Der zweite, deutlich kürzere Teil des Anhangs – »Bericht aus der neuesten Zeit« – umfasst den Teilabdruck eines zeitgenössischen, im Dezember 1833 verfassten Berichtes. Darin werden die aus der Sicht des Autors, der königlich sächsische General a. D. von Vieth, beklagenswerten kirchlichen Verhältnisse in den Herkunftsgebieten der Transmigranten, insbesondere im Salzkammergut geschildert.

Formale und inhaltliche Merkmale des Textes

Die Hintergründe der Transmigrationen der Jahre 1734 und 1735 eingebettet in den Kontext der

Geschichte des Protestantismus und der Gegenreformation in den österreichischen Erbländern sowie den Ablauf der Deportationen hat Ettinger nicht selbst erarbeitet. Er folgt im Wesentlichen, ausgiebig und über weite Strecken Wort wörtlich Georg Ernst Waldau, der 1784 eine Geschichte der Protestantismus in Österreich veröffentlicht hatte.[30]

Im Unterschied dazu fußen seine Schilderungen der Reise der Transmigranten und deren Aufnahme in Siebenbürgen auf eigenen Recherchen in Archiven Hermannstadts. Aber weder bei der herangezogenen Literatur zum Thema und den verwendeten Archivalien, noch bei den in den Anhang aufgenommen Dokumenten nennt Ettinger seine Vorlagen,[31] obwohl deren Herkunft ihm bekannt war. Auch ein Anmerkungsapparat mit entsprechenden Hinweisen fehlt ebenso wie ein Literatur- und Quellenverzeichnis, in dem er die Vorlagen zweifellos hätte nachweisen können. Hinzu kommen die Fehler, die dem Nichtfachmann Ettinger unterlaufen sind. So spricht er zum Beispiel von mehreren tausend siebenbürgisch-sächsischen Familien, die nach Siebenbürgen im 12. Jahrhundert eingewandert sein sollen, und die Kalkulation in den Tabellen im Anhang ist fehlerhaft, um nur zwei Beispiele zu nennen.

---

[30] Vgl. dazu auch die Ausführungen im Kapitel »Literatur- und Quellengrundlage«.
[31] Vgl. dazu die Ausführungen im Kapitel »Hinweise zur Textgestaltung«.

Es sind dieses erste deutliche Hinweise dafür, dass die »Kurze Geschichte der ersten Einwanderung oberösterreichischer evangelischer Glaubensbrüder nach Siebenbürgen« formal nicht als ein genuin wissenschaftlicher Beitrag zur Geschichte der Transmigrationen gedacht war. Einen solchen wollte Ettinger auch nicht liefern. Sein vorrangiges Ziel war es, ein wichtiges Kapitel der ihm anvertrauten Kirchengemeinde, das bei den Dorfbewohnern weitgehend in Vergessenheit geraten war, in Erinnerung zu rufen und so für die Zeitgenossen und die Nachwelt festzuhalten. Nicht wissenschaftliche Erkenntnis im engeren Sinn, sondern Aufklärung der Gemeindemitglieder durch Belehrung und historische Verortung ihrer Gegenwart verfolgte er.

Diese Einordnung des Buches stützen weitere Merkmale, die der Text aufweist. Dass er als Rede konzipiert und als Vortrag gehalten wurde, ist auch in der veröffentlichten Fassung unübersehbar.

Dem Vortrag wurden wohl lediglich das Vorwort und der Anhang beigefügt, ohne dass der vorgetragene Text darüber hinaus verändert oder auch nur geglättet worden wäre, was auch die vorhandenen Wiederholungen erklärt. Ettinger selbst bestätigt das, wenn es auf dem Titelblatt des Buches ausdrücklich heißt – »in einem Vortrag an seine Gemeinde«.

Der Satzbau und der Stil unterstreichen die mündliche Redeform zusätzlich. Das gesprochene Wort ist zudem an der Predigtform abzulesen, der der Text folgt. Der Vortrag, der im Vespergottesdienst gehalten wurde und damit schon einem vorgegeben Muster verpflichtet war, wird mit einem Gebet eingeleitet, spricht den Leser direkt an – »Geliebte in dem Herren!« – und endet mit der bekräftigenden liturgischen Abschlussformel Amen. Der eigentliche (Predigt)Text setzt mit einem Zitat aus 1. Mose 12,1 eine Bibelstelle an den Anfang, die anschließend beispielhaft mit Hilfe der chronologisch vorgetragenen Geschichte der Transmigrationen erläutert wird. Er endet mit einem direkten Appell an die Zuhörer- und Leserschaft – »Und nun ihr Alle« –, in dem die aus dem Bibelzitat und der beispielhaft vorgestellten Transmigrationsgeschichte abgeleiteten Aufforderungen und Lehren für das Publikum zu einem gottgefälligen Lebenswandel im Glauben thesenhaft zusammengefasst werden.

Die spezifischen, dem kirchlichen Wirkungsfeld des Autors verpflichteten Merkmale kommen nicht nur in der Form und Sprache, sondern auch im Inhalt des Textes deutlich zum Ausdruck. Damit ist nicht in erster Linie und selbstredend das religionsgeschichtliche Thema gemeint, mit dem sich das Buch beschäftigt, sondern die spezifische heilsgeschichtliche Deutung der Transmigrationsgeschichte, die Ettinger liefert. Ausgehend von 1. Mose 12,1 – »Gehe aus deinem Vaterlande und von deiner Verwandtschaft und aus deines Vaters Hause in ein Land, das ich dir zeigen will.« – erzählt er die staatlich angeordnete Deportation der Lutheraner aus Innerösterreich als eine von Gott gewollte und damit vorbestimmte Wanderung, die zudem der Milde und Barmherzigkeit des habsburgischen Herrscherhauses zu verdanken gewesen sei. Zwar spricht er für die Jahrhunderte vor der Deportation der Transmigranten nach Siebenbürgen von »schweren Bedrängnissen«, denen die Protestanten in den Erbländern des habsburgischen Kaiserreichs ausgesetzt waren. Aber wenn er die Ereignisse von 1734 und 1735 schildert, blendet der kaisertreue Ettinger die staatlicherseits betriebene Stigmatisierung der Transmigranten und den Zwangscharakter der Umsiedlung ebenso aus, wie die erheblichen Opfer unter den Transmigranten und deren wirtschaftliche und soziale Deklassierung in Folge der Deportation. Diese waren verglichen mit den späteren Umsiedlungen geringer, aber dennoch auch bei den karolinischen Zwangsmigrationen gegeben. Allein von den 269 vorübergehend in Heltau untergebrachten Transmigranten starben innerhalb eines Monats 18,6 Prozent.

Diese den Quellen widersprechende verharmlosende Darstellung und Deutung Ettingers eines mit grundlegenden Gefahren verbundenen und in hohem Maße gewalttätigen Migrationsprozesses findet ihren Niederschlag auch in der von ihm verwendeten Terminologie. Ettinger spricht immer nur von Emigranten, von Glaubensbrüdern, von Aus- und Einwanderung, nie von Transmigranten oder Deportationen. Die Umgesiedelten werden nicht als Opfer staatlicher Gewalt dargestellt, sondern erscheinen in erster Linie als Kämpfer für den Protestantismus. Diese geschönte Sicht auf die Ereignisse ist wohl Ausdruck der Obrigkeitsgläubigkeit des Autors, aber auch einem der zentralen Ziele seiner Arbeit geschuldet: Von einer positiv gewendeten Transmigrationsgeschichte versprach er sich offenbar eine integrierende Wirkung auf die Zugezogenen, für die kein einziges Mal der Begriff *Landler* verwendet wird, und pazifizierende Folgen für das Zusammenleben von Alt- und Neubürgern in Neppendorf.

Zu der insgesamt wohlwollenden Umdeutung und geschönten Schilderung der Zwangsumsiedlungen haben auch weitere Faktoren beigetragen. Mit seiner sich auf Moses 12,1 berufenden theologischen Deutung der Transmigrationen als von Gott befohlenem und daher vorbestimmten Weg mit einem zwangsläufig guten Ausgang, war der Weg zu einer positiven Interpretation der Zwangsmigrationen weitgehend vorgegeben. Ettinger klammerte den Zwangscharakter der karolinischen Transmigrationen weitgehend aus. Und indem er sich im Wesentlich auf Neppendorf konzentrierte, schloss er auch die von Exzessen begleiteten Deportationen der theresianischen und josephinischen Zeit insgesamt aus. Hinzu kommt, dass er den Akzent seiner Erzählung auf die langfristig gesehen positiven Folgen der Ansiedlung der Transmigranten für Neppendorf legte. Deren Zuzug verhalf Neppendorf verglichen mit den anderen sächsischen Gemeinden Siebenbürgens zweifellos zu einer positiven Entwicklung. Doch kann dieser lokale Befund mit seinen besonderen Voraussetzungen keineswegs auf den Transmigrationsprozess insgesamt übertragen werden und schon gar nicht auf die Voraussetzungen, die Umstände und die Durchführung der Deportationen.

Wie sehr Ettinger an einer Darstellung der Folgen der Transmigrationsgeschichte in hellem Licht gelegen war, lässt schließlich sein zweiter Anhang[32] erkennen. Als überzeugter Lutheraner und Kaisertreuer deutete er die Deportation als eine den Betroffenen erwiesene Gunst, wodurch sie aus der Glaubensunterdrückung befreit worden seien. Deshalb stellt er in seiner Schrift auch den »paradiesischen« Zuständen in Neppendorf die beklagenswerten Zustände in den Her-

---

[32] Ettinger, Kurze Geschichte, S. 54-59.

kunftsgemeinden der Transmigranten gegenüber. Den Vergleich untermauert er mit einem zeitgenössischen Bericht aus lutherischer Hand von 1833 über die beklagenswerten religiösen, schulischen und wirtschaftlichen Verhältnisse der Evangelischen im Salzkammergut zu Beginn des 19. Jahrhunderts, in dem auch zu Spenden für die hilfsbedürftigen Glaubensgenossen aufgerufen wird. Vor dieser bewusst gewählten dunklen Hintergrundfolie erscheinen die Folgen der Transmigrationen für die Deportierten in einem besonders hellen Licht. Bei der bloßen Gegenüberstellung der »paradiesischen« Zuständen in Neppendorf und der beklagenswerten Zustände in den Herkunftsgemeinden der Transmigranten belässt es Ettinger nicht, er weist auch ausdrücklich darauf hin – »Welch ein Wink für die so viel glücklichern Abkömmlinge aus jenen Gegenden im neuen Vaterlande.«[33] Die Transmigranten, so seine Deutung, müssten Gott und den habsburgischen Kaisern dankbar sein, aus der Knechtschaft und Unterdrückung in ein gelobtes Land geführt worden zu sein. So konnotiert werden aus den wirtschaftlich, sozial und religiös unterdrücken und mit der Transmigration bestraften Umsiedler, Vorreiter des Luthertums, die wahren Glaubensvertreter, die zudem mit wirtschaftlichem Erfolg belohnt wurden.

---

[33] Ebd., S. 56.

Wie hier bezieht Ettinger im Buch immer wieder dezidert Stellung. Aber insgesamt betrachtet nimmt er sich als Autor zugunsten des seinem Weltbild und seines lutherischen Selbstverständnisses entsprechend spezifisch gedeuteten »Kurze[n] Geschichte der ersten Einwanderung oberösterreichischer Glaubensbrüder nach Siebenbürgen« zurück. Für Ettinger stehen die vorbildlichen evangelischen Vorkämpfer, weil standhaften Glaubensbrüder im Mittelpunkt, was auch das Titelblatt widerspiegelt. Sein Name erscheint darauf nicht und findet sich auch kein einziges Mal im Text erwähnt. Der Autor tritt auf dem Titelblatt und im Buch lediglich in seiner Funktion auf – »dem derzeitigen evangelischen Pfarrer zu Neppendorf bei Hermannstadt in Siebenbürgen.« Für ihn zählte nicht das Individuum, sondern der von Gott vorbestimmte Weg, der sich seiner Ansicht nach in der Geschichte der Transmigrationen exemplarisch vollzog und es ihm geradezu zur Pflicht machte, diese vorzutragen und zu veröffentlichen.

Ergebnisse und Wirkung

Nach Ettinger ist jeder Mensch Teil einer Gruppe und diese wiederum ist in den Lauf der von Gott bestimmten Geschichte eingebunden. Diese doppelte, vom Luthertum überwölbte Bindung – gegenüber der eigenen Gruppe und gegenüber deren Geschichte – hatte seiner Ansicht nach die Richtschnur für das Leben jedes Einzelnen und zugleich Maßstab für dessen Bewertung schlechthin zu sein. Der Blick in die Vergangenheit war bei Ettinger daher immer auch ein Blick in die Gegenwart, die sich an der Geschichte messen zu lassen hatte. Von dieser Überzeugung geleitet, schrieb Ettinger dem Wirken der Transmigranten, die sich für die freie Ausübung ihres evangelischen Glaubens eingesetzt, dafür gekämpft und Opfer gebracht hatten, einen hohen Stellenwert zu. In ihrer Vorreiterrolle für das Luthertum sah er die Vorbildfunktion der Transmigranten für deren Nachkommen, die gesamte Bevölkerung Neppendorfs und allen Lutheranern.

Daraus leitete er für die Zeitgenossen eine dreifache Verpflichtung ab: Erstens, die Erinnerung an die Vorfahren hoch zu halten, ihnen einen Platz im historischen Gedächtnis der Gemeinde und darüber hinaus zu sichern. Sich selbst nahm er von dieser Pflicht nicht aus. Im Gegenteil, als zentrale Autorität in der Gemeinde trug er mit seinem Vortrag und der daraus entstandenen Publikationen entscheidend dazu bei, die Grundlagen für das historische Gedächtnis zu dieser konfessionell motivierten Zwangsmigration des 18. Jahrhunderts zu schaffen. Ettingers Buch bildet damit den Ausgangspunkt für die historische Erinnerung an die Transmigrationsgeschichte, wie sie sich in der Bevölkerung Neppendorfs und darüber hinaus herausgebildet hat. Diese folgt bis in die Gegenwart der 1 Mose 12,1 folgenden Deutung der Transmigrationen als »Auswanderung beziehungsweise Einwanderung Glaubens halber«, wobei die mit der Transmigration und der Ansiedlung verbundenen Härten ausgeblendet werden.

Unübersehbar ist zweitens die sozialpolitische Verpflichtung, die Ettinger seinen Zuhörern und Lesern mit auf den Weg gibt. Als Folge der Ansiedlung der Transmigranten war die Bevölkerung Neppendorfs trotz des gemeinsamen Lebens, Arbeitens und Betens auch nach einem Jahrhundert noch eine in Alt- und Neubürger gespaltene Gemeinde und sie sollte es auch bis weit ins 20. Jahrhundert bleiben.

Diese Zweiteilung zeigt sich in der getrennten Ansprache Ettingers an die Nachkommen der angesiedelten Transmigranten und jener der alteingesessenen Bevölkerung. Gab er ersteren auf den Weg, sich in ihrem christlichen Lebenswandel unbedingt an dem Vorbild ihrer Urahnen zu orientieren und deren Glaubensfestigkeit nachzueifern, so erinnerte er diese an den »wohltätigen Einfluss« der Zuwanderer auf die Gemeinde.

Um die vorhandenen Vorurteile und nach wie vor bestehenden Gräben zuzuschütten, endet Ettinger mit einem deutlichen Appell an beide Gruppen. Er ruft zu »ungestörtem Frieden in brüderlicher Eintracht und Liebe« auf und setzt damit einen deutlichen integrationspolitischen Akzent.

Ettingers Buch transportiert nicht nur traditionsstiftende und bezogen auf die Bevölkerung Neppendorfs integrative Verpflichtungen, sondern versteht sich darüber hinaus drittens auch in hohem Maß als identitätsstiftendes Mittel. Der Gruppenbildungsprozess der Transmigranten als Landler war, folgt man Ettinger, ein Jahrhundert nach der Ankunft der Umgesiedelten noch nicht abgeschlossen. Deshalb überrascht es auch nicht, dass im Buch der Begriff *Landler* kein einziges Mal vorkommt, nicht auf dem Titelblatt und auch nicht in der Publikation. Das Gedächtnis und das Zusammengehörigkeitsgefühl der Transmigranten als Gruppe waren offensichtlich zum Zeitpunkt des Erscheinens des Buches noch nicht soweit ausgeprägt, dass das in einem eigenen Begriff zum Ausdruck gebracht worden wäre. Indem er die Geschichte der Transmigranten als besondere Gruppe beschrieb, lieferte Ettinger einen maßgeblichen Beitrag zur Selbst- und Fremdwahrnehmung der Transmigranten als eine eigene Gruppe. Sie fand ihren Ausdruck im Begriff *Landler*, der sich seit der zweiten Hälfte des 19. Jahrhunderts als Gruppenbezeichnung für die Nachkommen der Transmigranten durchsetzte.

Vergegenwärtigt man sich die Ziele, Ergebnisse und Wirkung des Buches von Ettinger, so wird deutlich, dass es sich bei seiner »Kurze[n] Geschichte der ersten Einwanderung oberösterreichischer Glaubensbrüder nach Siebenbürgen« primär um eine heilsgeschichtliche Deutung einer Zwangsmigration der Vergangenheit handelt und darüber hinaus um eine von lutherischen Überzeugungen getragene, historisch untermauerte Zeitkritik.

Eher nebenbei und ungewollt legte Ettinger mit seiner »Kurzen Geschichte« die erste Geschichte der Transmigrationen vor. Sie entspricht einerseits insofern den Anforderungen einer modernen Migrationsgeschichte, als sie den gesamten Zwangsmigrationsprozess von den Ursachen über die eigentliche Deportation bis hin zu den Folgen im Ansiedlungsgebiet in den Blick nimmt. Er verband damit die Religionsgeschichte der Herkunftsregion der Transmigranten mit jener ihrer Ansiedlung in Siebenbürgen. Hinzu kommt die Verbindung der großen Geschichte, den Entwicklungen auf der territorial-politischen Ebene, mit der kleinen Geschichte, mit den Erfahrungen der Zeitgenossen, die Ettinger mit den herangezogenen Selbstzeugnissen zu Wort kommen lässt. Andererseits ist der Fokus des Buches auf das Salzkammergut als Ausgangsort der Deportationen, auf Neppendorf als Ziel der

Transmigrationen und die beiden ersten Ansiedlungsjahre eingeschränkt. Diese Grenzen seines Buches waren Ettinger bewusst, wie schon der Titel erkennen lässt, der ausdrücklich von einer »kurzen« Geschichte spricht. Zugleich sprengte er diese Grenzen aber selbst mit dem umfangreichen Anhang, in dem bis dahin unveröffentlichte Quellen zur Geschichte der Deportationen aufgenommen wurden.

Nicht genuin historisches Interesse, sondern seine Beobachtungen und Erfahrungen als aufmerksamer Zeitgenosse sowie seine tief im Luthertum verankerte pädagogische Überzeugung, die ihm vertraute Welt zum Besseren zu verändern zu können, ja verändern zu müssen, steht am Anfang der ersten Geschichte der Transmigrationen. Sie sollte insbesondere die Deutung der Transmigrationen durch die Nachkommen der Zuwanderer, wie die Erinnerungsschriften der späteren Jahrzehnte und Jahrhunderte erkennen lassen, durch die Bevölkerung der Landlergemeinden und die siebenbürgisch-sächsische Geschichtsschreibung nachhaltig prägen.

Blickt man auf das Interesse, mit der Ettingers Vortrag aufgenommen wurde, so wurden seine »Botschaften« von den Zeitgenossen offensichtlich verstanden. Sie können zudem die Anregungen von unterschiedlicher Seite erklären, den Vortrag zu veröffentlichen. Auch das Buch scheint viele Leser gefunden zu haben, ohne dass sich die Höhe der Auflage bestimmen oder sich seine Rezeption nachvollziehen ließe. Die über Generationen in einzelnen Haushalten Neppendorfs aufbewahrten Exemplare lassen die Vermutung zu, dass Ettingers Buch die Funktion einer »Hausbibel« zukam.

Das Buch Ettingers ist darüber hinaus mit seinem Ansatz, den herangezogenen Akten und der spezifischen Deutung der Deportationen zu einer historischen Quelle im doppelten Sinn geworden – als Zeitdokument und als erste Gesamtdarstellung der Transmigrationen. Mit seiner »Kurze[n] Geschichte der ersten Einwanderung oberösterreichischer Glaubensbrüder nach Siebenbürgen« ist Ettinger damit wider Willen zum Urvater der wissenschaftlichen Landlerforschung geworden.

Beides, die prägende Wirkung auf die Deutung der Transmigrationen in der Bevölkerung der siebenbürgischen Landlergemeinden und der herausragende Stellenwert Ettingers bei der Erforschung dieses Teils der Zwangsmigrationen der Frühen Neuzeit und der daraus hervorgegangen Landlergeschichte, sind wichtige Gründe, die für eine kommentierte Neuausgabe des Werkes sprechen, ja eine solche Neuausgabe geradezu fordern. Das umso mehr, als das Buch keine neue Auflage erfahren hat. Das ist mit ein Hinweis dafür, dass es mit der Zeit aus dem Blick der Zielgruppe geraten ist, für die es hauptsächlich gedacht war, und die wissenschaftliche Forschung die dem Buch und seinem Autor zustehende Aufmerksamkeit bisher nicht hat zukommen lassen.

Hinweise zu Textgestaltung

Die vorliegende Neuausgabe von Ettingers Buch richtet sich wie das Original an die interessierte Öffentlichkeit und hat zugleich die Anforderungen der wissenschaftlichen Forschung im Blick. Diesen Bedürfnissen entsprechend ist bewusst eine Form gewählt worden, die weder einen bloßen Nachdruck, noch eine kritische Edition darstellt, sondern diese beiden miteinander verbindet.

Für die Neuausgabe der »Kurze[n] Geschichte« wurde der Text der Originalausgabe von 1835 verwendet. Bei der herangezogenen Vorlage handelt es sich um ein Exemplar, das Joseph Ettinger selbst in der Hand hatte, wie seine eigenhändige Widmung auf der Innenseite des Buchdeckels zeigt.

Die vorliegende Ausgabe verbindet ein Faksimile des Buches mit einer leichten sprachlichen Anpassung des historischen Originaltextes an gegenwärtige Sprachverhältnisse. Jeweils links ist eine faksimilierte Seite wiedergegeben, einschließlich der Seitenzahl. Ihr entspricht auf der rechten Seite der transkribierte und sprachlich aktualisierte Text. Mit dieser Darstellungsweise besteht die Möglichkeit, auf die Originalformulierungen Ettingers zurückzugreifen, und zugleich werden die Lesbarkeit und die Verständlichkeit des Textes erhöht. Dazu dienen auch die im Unterschied zu einer kritischen Textausgabe bewusst knapp gehaltenen Ergänzungen und Kommentare. Erforderliche Ergänzungen und Erläuterungen, einschließlich der Literatur, die Ettinger herangezogen hat, erfolgen in den Endnoten. Für die Einschätzung des Textes insgesamt ist das ausführliche Nachwort heranzuziehen.

Im Unterschied zu den Textseiten wurde beim Quellenanhang bewusst eine andere Vorgehensweise gewählt. Dem Aktenstück in der Ettinger'schen Fassung auf der linken Seite wird auf der rechten Seite der Originaltext des betreffenden Aktenstücks gegenübergestellt. Dabei werden die bei Ettinger nicht gekennzeichneten Auslassungen durch eckige Klammern markiert. Der bei Ettinger fehlende Quellennachweis erfolgt für jedes einzelne Dokument jeweils in einer Fußnote.

An das Faksimile sowie die ergänzte und kommentierte Transkription schließt ein ausführliches Nachwort an. Es ordnet das Buch historisch ein und erlaubt dadurch, seinen Entstehungskontext, seinen Inhalt und seinen Stellenwert zutreffend einzuschätzen. Im Einzelnen bietet das Nachwort einen gerafften Überblick zur Geschichte der Landler, es skizziert die einschlägige Forschungsgeschichte, stellt die Biographie von Joseph Ettinger vor, schildert die Grundlagen und Entstehungsgeschichte der »Kurze[n] Geschichte der ersten Einwanderung oberösterreichischer Glaubensbrüder nach Siebenbürgen«, erläutert den Inhalt und die Ziele, die der Autor verfolgte, geht auf Ettingers seine spezifische Deutung der Transmigrationsgeschichte ein und schließt mit einer Bewertung des außergewöhnlichen Buches und dessen Wirkung. Ein Literaturverzeichnis, das maßgebliche Veröffentlichungen zum aktuellen Forschungsstand enthält und die Publikationen auflistet, die für diese kommentierte Neuausgabe herangezogen wurden, beschließen den Band.

Literaturverzeichnis

Joachim Bahlcke (Hg.): Glaubensflüchtlinge. Ursachen, Formen und Auswirkungen frühneuzeitlicher Konfessionsmigration in Europa. Berlin 2008.

Mathias Beer: »Willkürliches Benehmen gegen den ererbten sächsischen Sitten und Bräuchen«. Aufnahme und Eingliederung der Transmigranten in Siebenbürgen. In: Mathias Beer/ Dittmar Dahlmann (Hgg.): Migration nach Ost- und Südosteuropa vom 18. bis zum Beginn des 19. Jahrhunderts. Ursachen, Formen, Verlauf, Ergebnis Stuttgart 1999, S. 317-335.

Mathias Beer: Die Landler. Versuch eines geschichtlichen Überblicks. In: Martin Bottesch, Franz Grieshofer, Wilfried Schabus (Hgg.): Die Siebenbürgischen Landler. Eine Spurensicherung. Wien, Köln, Weimar 2002, Bd. 1, S. 23-80.

Martin Bottesch, Franz Grieshofer, Wilfried Schabus (Hgg.): Die Siebenbürgischen Landler. Eine Spurensicherung. 2 Bde. Wien, Köln, Weimar 2002.

Erich Buchinger: Die »Landler« in Siebenbürgen. Vorgeschichte, Durchführung und Ergebnis einer Zwangsumsiedlung im 18. Jahrhundert. München 1980.

Konrad Gündisch unter Mitarbeit von **Mathias Beer**: Siebenbürgen und die Siebenbürger Sachsen. München ²2005.

Arno Herzig: Der Zwang zum wahren Glauben. Rekatholisierung vom 16. bis zum 18. Jahrhundert. Göttingen 2000.

Dieter Knall: Aus der Heimat gedrängt. Letzte Zwangsumsiedlungen steierischer Protestanten nach Siebenbürgen unter Maria Theresia. Graz 2002.

Kurze Geschichte der ersten Einwanderung oberösterreichischer Glaubensbrüder nach Siebenbürgen. In einem Vortrage an seine Gemeinde dargestellt von dem derzeitigen evangel. Pfarrer zu Neppendorf bei Hermannstadt in Siebenbürgen. Hermannstadt 1835.

Rudolf Leeb, Susanne Pils, Thomas Winkelbauer (Hgg.): Staatsmacht und Seelenheil. Gegenreformation und Geheimprotestantismus in der Habsburgermonarchie. Wien, München 2007.

Ernst Nowotny: Die Transmigration ober- und innerösterreichischer Protestanten nach Siebenbürgen im 18. Jahrhundert. Ein Beitrag zur Geschichte der »Landler«. Jena 1931.

Harald Roth: Hermannstadt. Kleine Geschichte einer Stadt in Siebenbürgen. Köln ²2007.

Wilfried Schabus: Die Landler. Sprach- und Kulturkontakt in einer alt-österreichischen Enklave in Siebenbürgen (Rumänien). Wien 1996.

Irmgard Sedler: Die Landler in Siebenbürgen. Gruppenidentität im Spiegel der Kleidung von der Mitte des 18. bis zum Ende des 20. Jahrhunderts. Marburg 2004.

Stephan Steiner: Reisen ohne Wiederkehr. Die Deportation von Protestanten nach Kärnten 1734-1736. Wien, München 2007.

Stephan Steiner: Rückkehr unerwünscht. Deportationen in der Habsburgermonarchie der frühen Neuzeit und ihr europäischer Kontext. Wien, Köln, Weimar 2014.